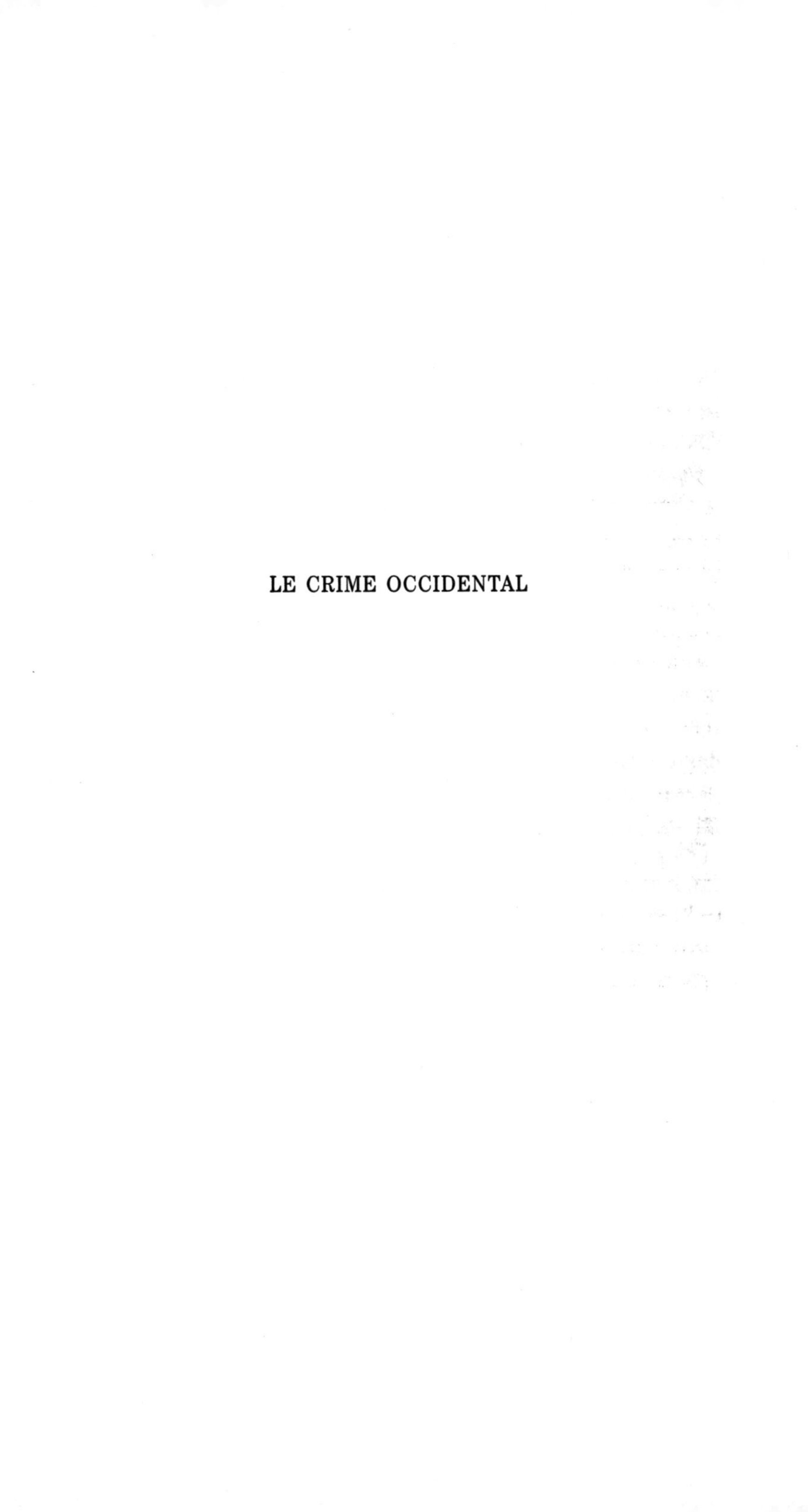

LE CRIME OCCIDENTAL

DU MÊME AUTEUR

AINSI DES EXILÉS, 1970, roman *(Folio-Gallimard)*.

LE GRAND FESTIN, 1971, roman *(Denoël)*.

VIRGINIA WOOLF, 1973, essai *(La Quinzaine littéraire-Équinoxe)*.

LE CORPS ENTIER DE MARIGDA, 1975, roman *(Denoël)*.

VESTIGES, 1978, roman *(Seuil)*.

LA VIOLENCE DU CALME, 1980, essai *(Seuil)*.

LES ALLÉES CAVALIÈRES, 1982, roman *(Belfond)*.

VAN GOGH OU L'ENTERREMENT DANS LES BLÉS, 1983, biographie, Prix Femina de l'essai *(Seuil)*.

LE JEU DES POIGNARDS, 1985, roman *(Gallimard)*.

L'ŒIL DE LA NUIT, 1987, roman *(Grasset)*.

MAINS, essai *(Séguier*, 1988*; Mille et une nuits*, 2000*)*.

CE SOIR, APRÈS LA GUERRE, récit *(Lattès*, 1992*; Fayard*, 1997*)*.

L'HORREUR ÉCONOMIQUE, 1996, essai, Prix Médicis de l'essai *(Fayard)*.

UNE ÉTRANGE DICTATURE, 2000, essai *(Fayard)*.

AU LOUVRE AVEC VIVIANE FORRESTER : « LA VIERGE À L'ENFANT AVEC SAINTE ANNE », LÉONARD DE VINCI, 2000, essai *(Somogy/Musée du Louvre)*.

Viviane Forrester

LE CRIME OCCIDENTAL

fayard

« L'horreur qui me visait était européenne. »

Viviane Forrester,
Ce soir, après la guerre.

Comment oublier l'horreur européenne, exorciser ses traces, leurs frémissements ? Comment masquer la persistance de ses pulsions originelles et, surtout, comment continuer de tenir l'ère nazie pour une monstruosité épisodique, honnie, vaincue, éradiquée, à laquelle il suffirait, désormais, d'opposer la litanie des « Plus jamais ça » ?

L'héroïque vertu de cette déclaration, prononcée menton ferme, le regard intrépide, épargne d'analyser, de définir le « ça », d'envisager la diversité des formes qu'il peut assumer et ce qu'il inclut de nos propres empreintes. L'énergie de cette expression, répondant moins à l'allure d'un souhait, d'une décision, qu'à celle d'un constat, permet de prendre ce vœu pieux, cette intention vague et péremptoire – ce *wishfull thinking*, dirait-on en anglais – pour un engagement déjà tenu, une mission accomplie, une conclusion acquise, un rempart suffisant, lesquels nous émancipent et nous dégagent de toute vigilance. Chronologie parfaite : Troisième Reich, guerre, Alliés victorieux, le problème est réglé.

Un détail, néanmoins, nuit à cet épilogue, une lacune : la guerre contre le nazisme n'a pas eu lieu. C'est l'Allemagne conquérante qui fut combattue, avec retard, par les armes et vaincue : il n'y eut pas d'insurrection intérieure notoire contre le régime nazi ni de soulèvement général, universel, à son encontre, pas de refus instinctif, de rejet délibéré, et certes pas de résistance internationale spontanée, immédiate, dressée contre la doctrine et les actes de Hitler, dès 1933, même lorsque ne fut pas en cause le droit d'ingérence.

En fait de réaction, en 1938, alors que ces actes et cette doctrine, leurs délires, se déployaient depuis cinq ans, eurent lieu, fin septembre, la Conférence de Munich – cet acquiescement officiel, empressé, voire obséquieux, surtout félon, des gouvernements français et anglais à la politique expansionniste du Reich, sans que soit mise en question ou même mentionnée la barbarie nazie déjà amplement manifeste – et la Conférence d'Évian, tenue du 6 au 15 juillet, au cours de laquelle trente-trois pays réunis par les États-Unis[1] devaient s'entendre sur l'élargissement de leurs quotas d'immigration afin de pouvoir accueillir les juifs victimes de l'idéologie hitlérienne. Tous, sauf la Hollande et le Danemark, refusèrent – les États-Unis en premier – d'envisager le moindre assouplissement des faibles contingents déjà autorisés. Après la conférence, l'Argentine, l'Uruguay, le Mexique, le Chili réduisirent au contraire leurs taux d'immigration. Chaque

1. La liste de ces pays : les États-Unis, la France, la Grande-Bretagne, la Belgique, l'Italie, la Suisse, le Danemark, la Norvège, la Suède, les Pays-Bas, le Canada, l'Afrique du Sud, la Nouvelle-Zélande, l'Australie et vingt républiques de l'Amérique latine. Après la guerre, en revanche, en Amérique du Sud, certains pays accueillirent très généreusement des réfugiés… nazis.

pays avait motivé son refus. L'Australie, oubliant allégrement ses Aborigènes et le traitement qui leur était infligé, déclara n'avoir jamais connu de problème racial et vouloir éviter d'en « créer un* » ! Et c'est elle qui, aussitôt après la guerre, fit publier dans la presse internationale des placards appelant instamment à venir peupler ses terres les moins habitées, qu'elle mettait à la disposition de nouveaux immigrés.

Quant à la France, elle se déclara déjà « saturée ». D'ailleurs, le sénateur Henri Bérenger écrivait à son ministre : « Est-il dans l'intérêt de la France d'apparaître comme l'asile officiel de tous ceux que l'Allemagne considère comme ses ennemis naturels ? Un élément d'antagonisme culturel et racial serait introduit à titre permanent dans les relations franco-allemandes. » Il s'était déjà inquiété d'avoir à laisser entrer les « déchets de l'immigration autrichienne ou allemande ». En conclusion, la délégation put se féliciter : elle avait « pleinement réussi à éviter de contracter aucun engagement précis ».

Rappelons qu'en 1938 encore, Hitler non seulement consentait à l'émigration des Juifs allemands mais la réclamait, comme dans ce discours tenu à Koenigsberg : « Nous sommes prêts à mettre ces criminels [les juifs] à la disposition de ces pays, et même sur des bateaux de luxe. Peu importe. » D'évidence, il s'agissait pour eux d'une question de salut. D'un salut encore *possible*.

---

* Les références bibliographiques des citations qu'on lira tout au long de l'ouvrage sont données en fin de volume. Elles sont indiquées en fonction des numéros de page.

Le Führer ne se priva pas de railler « l'appel du président Roosevelt aux autres nations, tant que les États-Unis maintiennent leur propre contingent d'immigration ». Ou bien d'ironiser : « S'il existe un pays qui estime qu'il n'a pas suffisamment de Juifs, je serai heureux de lui envoyer tous les nôtres. » Et Goering de citer : « Le Führer va dire aux autres pays : “Pourquoi parlez-vous toujours des Juifs ? Prenez-les.” » Goebbels, au Conseil des ministres du 12 novembre 1938, ricanait : « Il est curieux de constater que les pays dont l'opinion publique s'élève en faveur des Juifs refusent toujours de les accueillir. Ils disent que ce sont les pionniers de la civilisation, des génies de la philosophie et de la création artistique, mais lorsqu'on veut leur faire accepter ces génies, ils ferment leurs frontières. »

Ce refus (collectif) revenait à un assentiment tacite aux acharnements antisémites en cours, à un désaveu des persécutés, une complicité par l'absurde, on pourrait dire à une fraternité sourde avec leurs oppresseurs – un lien, en somme, avec le symptôme fondateur de la dictature du Troisième Reich. La presse nazie ne l'entendait pas autrement. On put lire, par exemple, dans le *Danziger Vorposten* : « Nous constatons qu'on aime à prendre les Juifs en pitié lorsque cela alimente une agitation malveillante vis-à-vis de l'Allemagne, mais qu'aucun État n'est disposé à lutter contre la tare de l'Europe centrale en acceptant quelques milliers de Juifs. La conférence d'Évian est donc une justification de la politique allemande. » En somme, les démocraties occidentales laissaient implicitement carte blanche à Hitler quant à ces juifs décidément encombrants. Récusés.

Même officiellement antiracistes, mêmes modérés, les gouvernements des grandes puissances firent preuve, face au dictateur naissant, non encore affirmé, d'une faiblesse pathologique, tangente au masochisme. Ce ne fut de leur part que reniements, complaisances, apostasies. Sidérés par les mises en scène magistrales de Hitler, leurs dirigeants semblaient faire cercle autour de lui à chercher ses grâces, crédules et tremblants, avides de l'amadouer. Aucune trace d'indignation, de protestations face aux pillages, aux humiliations, aux persécutions publiques et même affichées de juifs, à leurs arrestations en masse en même temps que celles d'opposants au régime, à l'internement de ces juifs et de ces mêmes opposants en prison ou dans des camps de concentration créés à cet effet, tels en Allemagne ceux de Dachau dès 1933, de Buchenwald en 1937 ou, en Autriche aussitôt après l'Anschluss, celui de Mauthausen en 1938.

Mais aucun obstacle non plus (tout au plus quelques timides et brèves protestations) contre la politique étrangère du Reich, à propos de laquelle le droit d'ingérence n'entrait pourtant pas en jeu. Aucun obstacle, en 1934, contre le réarmement de l'Allemagne en violation du traité de Locarno et contre l'occupation de la Rhénanie[1].

1. Hitler, lors de cette invasion, s'apprêtait à retirer aussitôt ses troupes au moindre signe d'opposition de l'armée française, il n'y en eut aucune. « La France pouvait arrêter les Allemands en Rhénanie. Nous aurions été obligés de faire retraite. Mais aujourd'hui, c'est trop tard pour la France », commentera le Fürher, deux années plus tard, afin de persuader (à juste titre) le chancelier

Cette même année les Jeux olympiques ont lieu à Berlin. Les athlètes du monde entier y participent officiellement. Prodigieux succès de propagande. Seule condition posée par le Comité des Jeux : des champions allemands juifs devront y participer, mais, détail qui semble ne troubler personne, ces champions (interdits de terrains de sport et de tout moyen pour s'entraîner) sont, depuis l'année précédente, déchus par les lois de Nuremberg de leur citoyenneté et de leurs droits civiques, comme tous les Allemands juifs. Les mêmes lois interdisent, entre autres, tout mariage ou relation sexuelle entre Juifs et Aryens, sous peine de prison.

En 1938, *aucune* réaction à l'annexion de l'Autriche par le Reich, « un viol », selon l'expression ultérieure de Winston Churchill, et, la même année, devant l'annonce d'une invasion de la Tchécoslovaquie, nous l'avons vu : ce fut Munich, et cette invasion sous la bénédiction générale, en particulier celle de la France, qui piétinait ainsi le pacte d'assistance mutuelle liant les deux pays.

Un exemple d'ambiance dans les cercles dirigeants : en décembre 1938, Georges Bonnet, ministre français des

---

Schuschnig, que la France et ses alliés, en 1938, n'interviendraient pas pour sauver l'Autriche (William Shirer, *Le Troisième Reich*, Paris, Stock, 1967).

À Berlin, Victor Klemperer, allemand et juif, écrivait dans son journal, le 8 mai 1938 : « Discours de Hitler sur l'occupation de la Rhénanie (violation des accords de Locarno). Il y a trois mois, j'étais persuadé que la guerre éclaterait le soir même. Aujourd'hui, *vox populi* (mon boucher) : "Ils ne risquent rien." Conviction générale, qui est aussi la nôtre : tout restera calme… Un nouvel "acte de libération" d'Hitler, la nation exulte – qu'est-ce que la liberté intérieure, que nous importent les Juifs ? Sa position est assurée pour une durée indéfinie » (Victor Klemperer, *Mes soldats de papier. Journal de 1933 à 1941*, 1, vol. 1, Paris, Seuil, 2000).

Affaires étrangères, au cours d'un entretien avec son homologue allemand Ribbentrop, lui fait part de « tout l'intérêt que porte la France à une solution du problème juif », affirmant que les Français « ne désirent plus accueillir de Juifs venant d'Allemagne » : cette dernière pourrait-elle « prendre des mesures quelconques pour les empêcher de venir en France » ? Ribbentrop, ravi, lui assure que « Nous voulons tous nous débarrasser de nos Juifs », l'ennui c'est qu'« aucun pays ne souhaite les accueillir ». Entre compères…

Ces dirigeants européens tétanisés, offrant à Hitler ce qu'il désire quand bon lui semble (et l'on ose à peine se demander si ce qu'il désire est si éloigné de leurs propres désirs plus ou moins inconscients), ne sont plus qu'une bande d'humbles accompagnateurs, guettant dans ses discours, au sein de vociférations annonçant et l'anéantissement de la « race juive en Europe » et des intentions internationales prédatrices, quelques rares déclarations plus pacifiques et modérées dont se délecte et se rassure alors le reste de l'Europe.

Après la boucherie de 14-18, les populations européennes, Allemands inclus, redoutaient plus que tout une nouvelle guerre, ce dont Hitler jouait. En Allemagne, admiration et gratitude se portaient vers lui, capable d'en venir à ses fins sans conflagration. Notons qu'à la terreur d'une guerre s'ajoutait pour beaucoup celle du communisme, auquel le Führer semblait faire barrage… avant de signer en 1939 un pacte avec Staline !

Certes, dans les années 30 et 40, les démocraties

occidentales étaient par principe opposées à l'idéologie de l'Allemagne nazie, mais cela n'avait pas une importance première et n'impliqua aucune réaction sérieuse relative aux sévices ouvertement pratiqués sur des masses d'individus dont, en outre, l'extermination était évoquée de façon récurrente. Ces démocraties assistaient, depuis 1933, à l'exercice d'une férocité officielle, de cruautés débridées sans pareilles et notoires, étayées sur une législation ouvertement promulguée pour déliter la loi, servir la tyrannie. Dès les années 30, ce que l'on connaissait déjà de la gamme des crimes nazis, ce qu'en divulguait la presse, ce dont on fut toujours davantage informé, aurait dû suffire à soulever l'opposition sans limite, intransigeante et ciblée, des nations démocratiques.

Or, même au long de la guerre, on combattit cette fois l'Allemagne expansionniste, mais non explicitement la barbarie nazie qui maintenant dominait toute l'Europe occupée ; la même indifférence subsista, le même barrage des frontières. Les pays maintinrent leurs mêmes faibles quotas d'immigrés, laissant les juifs verrouillés dans la nasse hitlérienne. Et sans espoir, sans issue. Sans recours. La planète entière se dérobait à eux, partout réticente, ce qui signifiait partout auxiliaire de l'horreur.

C'est strictement pour des raisons stratégiques, diplomatiques, des questions de territoires, qu'en 1939 la guerre fut déclarée. Et, tout au long des hostilités, il fut pris soin de ne jamais donner le sentiment d'avoir pour but d'aller au secours de juifs, ce qui eût risqué, estimait-on dans les sphères politiques alliées, de heurter l'opinion publique.

La victoire fut donc celle d'une coalition classique. Or, la victoire par les armes ne prouve pas le droit. Elle termine un conflit mais elle ne l'achève, elle ne le résout pas. Ce fut une paix sans innocence. Ce ne fut pas une conclusion.

Le phénomène du racisme, qui avait sous-tendu la Seconde Guerre mondiale mais n'avait été pris en compte que sur un mode lacunaire, n'était pas résolu. Considéré comme tel cependant, décrété aboli, il n'était appréhendé que sous ses formes les plus sinistres, les plus hallucinantes : celles des démesures outrancières du génocide, de ce génocide-là en particulier. On ne s'arrêtait qu'à ses conséquences extrêmes, pas à sa substance, à ses racines qui n'étaient pas, et de loin, éradiquées.

La dérobade générale, voire le consentement par omission, face au racisme nazi furent escamotés, livrés à l'oubli, non signalés. L'inertie occidentale devant la barbarie, sa connivence avec l'antisémitisme, ne furent pas enregistrées mais vouées le plus possible aux silences consensuels d'une mémoire volontairement refoulée. Néanmoins, le poids de leurs conséquences laissait obscurément sourdre une responsabilité insoutenable, soupçonner une sorte de damnation occulte, qu'il fallait étouffer. De cet abandon mortifère de la démocratie par les nations démocratiques émergeait un remords latent plus ou moins conscient, incapable de s'assumer, l'instinct antisémite n'étant pas dépassé. D'où l'inaptitude à tenter de réparer l'inexpiable, la résistance à accueillir d'évidence et partout les survivants de cette Apocalypse.

Mais là n'avaient pas été le but avéré de la guerre ni le sens de la victoire. Et si la démence du despotisme hitlérien, de ses génocides, était abhorrée, vilipendée, auprès de ces énormités l'antisémitisme ordinaire, gardé discret pour l'heure, paraissait d'autant plus anodin dans sa banalité.

N'oublions pas qu'en ces temps (récents) régnaient encore, tenus pour naturels, la ségrégation des Noirs aux États-Unis, le colonialisme en Europe. Le dogme du mépris dominait, officiel et – lui – respecté.

Un signe parmi bien d'autres : la guerre achevée, plusieurs centaines de milliers de juifs réchappés, nombre d'entre eux survivants de l'horreur concentrationnaire et tous, du fait même de leurs épreuves, sans points de chute ni moyens financiers, furent maintenus des années durant internés en des camps pour « personnes déplacées » surpeuplés, aux conditions de vie sordides – des *no man's land* situés dans les zones allemandes et autrichiennes occupées par les Alliés, parfois dans les camps mêmes, ceux du nazisme, où ils avaient été détenus[1]. Ainsi, c'étaient eux qui se retrouvaient enfermés au sein des populations libres des pays mêmes qui les avaient persécutés, qui avaient exterminé les leurs ! « La meilleure propagande britannique en faveur du sionisme

1. Chypre fut aussi le site de tels camps *à partir* du mois d'août 1946. La guerre était achevée depuis 1945.

reste le camp pour personnes déplacées de Bergen-Belsen », affirmait à juste titre David Ben Gourion.

Ces parias ne purent s'en libérer que par très petit nombre à la fois, indésirables partout, partout jugés « déplacés » ailleurs que parqués dans un camp. Là se trouvait leur véritable place : la place de l'absent. Encore se plaignait-on de leur coût ! En zone britannique, une loi les soumit bientôt au travail obligatoire et, pour subvenir à leurs conditions de vie indignes, ces rescapés du nazisme furent employés à moindre coût au profit de l'économie allemande, souvent sous son autorité. Une remarque : il s'agissait de gens sans ressources, de « pauvres », toujours les mieux ciblés par l'exclusion. Ces internements organisés par les démocraties ne hantèrent pas les consciences ; ils ne les effleurèrent même pas. Cela faisait partie de l'ambiance, celle d'un cynisme inconscient. Les frontières ne s'ouvraient toujours pas. Les quotas demeuraient tels. Pourtant le monde n'était plus aussi « saturé » de juifs. Il en était mort des millions.

Il ne fut pas fait en sorte de garantir à *tous* les survivants respect, sécurité et le droit évident pour chacun d'eux à une place, à un rôle citoyen en Occident même où ils étaient chez eux. Leurs patries européennes ou leurs lieux de résidence étaient toujours leurs et, si un retour leur était trop pénible en ces régions où l'innommable avait eu lieu, c'était la moindre des choses qu'un accueil leur soit ouvert dans les pays occidentaux de leur choix, lequel allait surtout vers les États-Unis... où l'on s'était empressé, au contraire, de pérenniser les quotas. Et cela fut admis ! Comme il fut alors admis qu'en certains pays d'Europe centrale ou de l'Est, l'animosité se soit perpétuée et, surtout, que l'on ait *osé* et *pu* la manifester au point que la plupart des survivants de retour avaient dû repartir, comme en Pologne, où pourtant presque aucun juif ne demeurait plus, la plupart ayant péri au cours du génocide. Le même antisémitisme n'en persistait pas moins et fort ouvertement, allant jusqu'à provoquer de nouveaux pogroms, comme à Kielce en 1946. Et tout cela ne fut pas traité comme un scandale inacceptable, mais toléré soit comme une curiosité, soit comme une fatalité. Quant à ces camps pour « personnes déplacées », qui illustraient de manière sinistre l'inconscience générale, mieux valait les oublier : comment les Alliés auraient-ils pu s'y opposer puisqu'ils en étaient eux-mêmes les organisateurs ?

Face à cette inconscience, à cet inconscient, révélateurs d'un antagonisme machinal et persistant à l'égard des survivants juifs (pauvres), le projet d'un territoire juif qui ne serait plus cette fois un ghetto, mais un État souverain, tenait d'une certaine logique, émanant de ceux depuis si longtemps pris, selon Hannah Arendt, « entre les pays dont on souhaite que nous partions et ceux où l'on ne nous laisse pas entrer ».

Hannah Arendt incluait-elle parmi ces derniers les pays neutres ? Qu'en fut-il de la Suisse, par exemple ? Le titre d'un entrefilet paru dans *Le Monde* en informe mieux que tout document : « Une loi réhabilite les Suisses qui ont aidé les réfugiés juifs. » Titre d'autant plus éloquent que cette bonne nouvelle date de... janvier 2004 ! Que l'on juge de cette mansuétude : « Les Suisses qui ont aidé des réfugiés juifs sous le nazisme et qui ont été sanctionnés au nom de la neutralité helvétique peuvent désormais être réhabilités au terme d'une loi entrée en vigueur le 1er janvier [2004] [...]. Ils ont cinq ans pour le faire. La période concernée va de 1933, date de l'entrée de Hitler au pouvoir en Allemagne, à la fin de la Seconde Guerre mondiale. L'annulation d'une condamnation ne donne pas droit à des dommages et intérêts. » L'AFP précise, à propos de ces criminels contre l'humanité, que « plusieurs centaines de citoyens helvétiques [...] avaient perdu leur emploi ou avaient été condamnés à une amende, voire à une peine de prison pour avoir aidé des victimes des nazis, notamment des juifs, à fuir ou pour avoir hébergé des fugitifs sans les avoir signalés aux autorités ». On n'allait tout de même pas les congratuler, on poussait néanmoins l'indulgence jusqu'à les réhabiliter une soixantaine d'années plus tard. Mais qu'en fut-il de ceux, s'il y en eut, qui vertueusement avaient « signalé » ces juifs aux autorités ? Furent-ils au moins décorés ?

Devant l'émotion du peuple suisse face aux juifs tentant de trouver refuge en leur pays, Édouard de Haller, dirigeant influent de la Croix-Rouge, regrettait que « les membres du Comité n'échappent pas à la vague de générosité simpliste qui sévit dans le pays ». Son président, Max Huber, y échappait, lui, tout à fait, qui veilla tout au long de l'ère nazie à ce que la Croix-Rouge, en permanence informée, n'intervienne cependant jamais, ou alors si rarement, des plus timidement, sans insister et sans se compromettre, face aux persécutions subies par les juifs, face aux supplices, à l'hécatombe en cours. Son leitmotiv : la crainte de se voir, avec ses collègues, reprocher une « intrusion dans les affaires intérieures d'un État en tentant d'agir en faveur de *certaines catégories de personnes*[1] considérées par cet État comme dépendant exclusivement de sa législation interne ». Pour Max Huber, la Croix-Rouge avait pour devoir sacré de s'abstenir de toute réaction, de tout usage de son renom visant à tenter ne serait-ce que l'atténuation, si faible soit-elle, de certaines horreurs. La moindre carence d'égard, de déférente neutralité envers les autorités nazies ou même celles de la France de Vichy lui eût semblé du dernier mauvais goût[2]. On mesure, à de telles démissions, l'anéantissement de toute garantie et l'isolement des Européens juifs dans leur propre espace soudain si dénudé, si dépouillé de ceux qui n'étaient pas leurs assassins, auxquels résistaient seuls des groupes isolés.

1. C'est nous qui soulignons.
2. Une circulaire de la Croix-Rouge dictait leurs règles de conduite à ses agents supposés porter secours aux enfants victimes de la guerre en France occupée : « Les lois et les décrets du gouvernement de la France doivent être exécutés exactement et vous n'avez pas à examiner s'ils sont opposés ou non à vos convictions [...]. Nous connaissons l'attitude adoptée par les Églises catholique et protestante à l'égard de certaines directives de Vichy, mais comme représentants de la Croix-Rouge suisse, nous ne pouvons nous laisser influencer par cette position [...]. En France, vous devez respecter une stricte neutralité en tant qu'étrangers. » Si certaines tâches leur répugnaient trop, une alternative : « Nous vous demanderons de donner votre démission plutôt que de continuer votre travail et de compromettre le prestige de la Croix-Rouge... » (Oscar Rosowsky, *Le Monde*, courier des lecteurs, 18 février 2004).

Autant de réflexes racistes persistants, de docilités à l'antisémitisme, qui, faute d'être contredits à la fin de la guerre par une ouverture immédiate, chaleureuse et radicale du monde occidental aux victimes juives provoquèrent dans bien des pays une sourde culpabilité latente relative au génocide, dont de tels réflexes avaient été la source; culpabilité qui fut, sinon l'origine (laquelle revient au sionisme), du moins l'une des deux origines et un moteur essentiel de la tragédie qui persévère au Proche-Orient depuis des décennies et semble inextricable.

Ce n'est pas, et ce livre se propose de l'établir, l'Histoire d'Israël ou de la Palestine qui se déroule aujourd'hui, mais celle prolongée, déportée, décalée, réinsérée en Orient, de l'Occident horrifié par ses propres excès, néanmoins incapable de s'extraire de ses préjugés traditionnels d'apparence anodine, mais qui, même peu spectaculaires, instaurent l'ordre qui conduit à l'horreur.

Les Palestiniens, les Israéliens savent-ils – le savons-nous? – à quel point ils sont étrangers à leur Histoire actuelle, à leur propre présent? À quel point ils sont les victimes non pas l'un de l'autre mais l'un *et* l'autre d'une Histoire soi-disant révolue, demeurée en suspens, ici réactivée sans fin et qui les a entraînés dans des conflits à leur source factices, d'autant plus inachevables? Une Histoire européenne dont ils ne furent, aucun des deux, les bourreaux ni les coupables. Les Arabes recevant le fardeau, le châtiment d'un désastre auquel ils sont tout à fait étrangers; les juifs, victimes de ce désastre, encouragés, sinon acculés dans un rôle d'intrus et qui ne voyaient pas que, même volontaires, même vainqueurs, ils n'étaient que mis en quarantaine.

Voyez-les s'agresser, s'entre-tuer, Juifs et Arabes, puis Israéliens et Palestiniens sous les yeux d'un Occident condescendant, délivré, qui se présente en arbitre de leurs hostilités. Un Occident comme dégagé, symboliquement au moins, de son souci obsessionnel, souci que voici transplanté, métamorphosé, imposé dans un autre contexte, d'autres géographies, absorbé dans des luttes qui lui sont étrangères. Un Occident s'espérant ainsi délivré des hantises de sa propre Histoire, capable d'estimer périmée l'horreur du génocide nazi et du consentement, de l'indifférence qui l'avaient accompagné, face à une tragédie nouvelle dont il pouvait et peut encore prétendre ne pas s'estimer responsable.

Un artiste de la culpabilité cet Occident, un maître de ses analyses, de ses représentations sublimes, mais un virtuose aussi de la délégation, de la résorption de ses responsabilités, surtout politiques. Il a su, à propos de l'ère nazie, exercer ses talents. Spécialiste du concept de la faute, il en connaît un bout sur l'innocence, elle est toujours de son côté – à propos du nazisme et de ses miasmes, elle prétend rejoindre la sphère de l'ignorance, c'est dire de l'innocence par défaut dans toute sa pureté. La complaisance au système nazi, l'indifférence, la participation, la collaboration à ses pratiques ? Mais c'est tout simple, irréprochable en diable : on ne « savait » pas ! « Je ne savais pas ! Je n'étais pas au courant du génocide. Comment prévoir un tel aboutissement ? »

Car seule une hécatombe est digne d'attention.

« Je ne savais pas », cette excuse on l'osa, on l'ose encore. Pire, elle est écoutée, prise en compte, mentionnée. On ose avouer estimer acceptable, bénin, d'insulter, d'humilier, de persécuter des adultes, des enfants, des vieillards et jusqu'à des bébés, à condition de ne pas les tuer et surtout pas en masse. Normal de leur faire porter une étoile jaune obligatoire à partir de six ans. Normal de revêtir les murs d'affiches les couvrant de boue. Normal de les piller. Normal de les priver de leurs droits civiques, de leur interdire toute vie publique et la plupart des professions. Normal de les traquer, de les arrêter. Normales, les rafles, normal de rafler ces vieillards, ces adultes, ces enfants, ces bébés, de les brutaliser, de les entasser dans des camions, des camps, de les jeter dans des wagons à bestiaux plombés et de les déporter « vers l'Est », à destination inconnue. Toutes pratiques qui furent publiques, certaines exhibées. Ce sort-là des juifs, on le connaissait ; il était notoire, officiel. Le régime avait toute latitude sur eux, et cela non seulement en Allemagne nazie, mais dans tous les pays d'Europe qu'elle annexait ou occupait. Néanmoins, il n'y avait pas là de quoi s'émouvoir : « Que voulez-vous, pour le génocide, je ne savais pas. » D'ailleurs, quant à les tuer ou les faire mourir, à partir de quel nombre de morts l'eût-on jugé indécent ? À partir de quelle quantité de cadavres eût-ce été tenu pour scandaleux ?

« Plus jamais ça ! » Mais plus jamais *quoi* ? Sait-on que s'en prendre à un ongle, un cheveu d'une personne, lui lancer certaines insultes, s'en croire et s'en donner le droit, ouvre la voie, peut l'ouvrir à tous les génocides ?

Un alibi encore : « Il s'agissait d'une autre époque. Reportez-vous à ce contexte-là. Tout y était très différent. »

Certes. Aujourd'hui, par exemple, nous savons à quelle date a fini la guerre, qui l'a gagnée – on l'ignorait alors. La victoire des Alliés nous paraît évidente, à l'« époque » elle ne l'était pas. La défaite nazie n'avait rien de fatal, au contraire c'est la victoire allemande qui fut longtemps, et par une immense puis une importante majorité, considérée comme acquise. À évoquer de nos jours ces années de guerre, elles peuvent apparaître comme un intermède tragique, mais qui allait forcément vers une démocratie retrouvée. Or, rien n'était alors moins certain et cela ne le devint que vers la fin des hostilités. Imagine-t-on Hitler vainqueur ? Quels eussent été ses plans pour une Europe définitivement livrée ? La possibilité qu'elle tombe tout entière, irrémédiablement, sous le joug nazi, adonnée aux projets sans limite d'un dictateur, telle était l'issue en jeu tout le temps de la guerre et c'est cette issue-là que prédisaient, en général, ceux qui ne « savaient pas », et sur laquelle beaucoup d'entre eux misaient.

Mais ce pari même sur la victoire nazie sert aussi d'excuse et certains ne se gênent pas pour assurer qu'il s'est agi d'un choix des plus patriotes, que le projet servile de se ranger dans le camp nazi prévu vainqueur était tenu pour une « garantie » protégeant l'avenir de la France, ainsi rangée « du bon côté ». Nous ne gloserons pas.

Ces temps de dictature n'étaient pas vécus comme un intervalle entre deux plages démocratiques, la plage suivante menaçait (ou promettait, selon) d'être celle d'une domination sans borne de la croix gammée. Et cela rend, en effet, tout « très différent ». Dans une telle Europe, nazifiée pour de bon – même si l'on pouvait ignorer qu'ils seraient alors la plupart déjà morts et ignorer de quelles morts ils seraient morts –, à quel avenir pouvait-on croire promis ces gens visés depuis toujours par Hitler et que l'on savait déjà outragés, traqués, déportés ? Quel avenir pour ces bébés, ces vieillards capturés ? Pour les adultes, quel destin ? Qui, dès lors, pour les délivrer dans cet espace et ce temps tout entiers devenus leur piège ?

Des millions de juifs étaient assassinés tandis que l'on en traquait d'autres. Mais ces millions de morts avaient été des millions de vivants aux abois, tourmentés, assaillis devant le monde entier sans beaucoup émouvoir tant qu'ils ne furent pas découverts et homologués en tant que corps morts, cadavres empilés ou partis en fumée.

Et l'on savait. À partir de 1942, même si l'on ne se l'« imaginait » pas, au sens propre du terme – car les images des camps, nul ne pouvait se les représenter encore et, même une fois constatées, enregistrées, elles ne furent jamais appréhendées sinon par ceux et celles, rares, qui avaient survécu après en avoir subi l'expérience –, même si l'on ne se l'« imaginait » pas, le fait était connu des camps nazis, de l'extermination par le gaz et aussi par la faim, la torture, l'épuisement, par l'humiliation, la dénaturation, l'effondrement méthodique de la personne humaine. Les gouvernements alliés en possédaient les preuves. La presse, les radios internationales en diffusaient la nouvelle, adjuraient les grandes puissances d'agir, en soulignaient l'effroyable urgence : au même instant, à chaque instant, des multitudes étaient assassinées au sein d'un enfer.

L'émotion du public fut telle alors en Grande-Bretagne, en 1942, qu'elle incita le gouvernement à bouger. Ce qui incita le président Roosevelt à craindre la même réaction de son opinion publique, dont l'antisémitisme n'était sans doute pas aussi fondamental, enraciné, que son gouvernement se plaisait à le croire et qu'un peu de « pédagogie » aurait sans doute suffi à effacer en grande partie : une opinion apte à s'indigner des atrocités nazies et attachée à la réputation des États-Unis, jusque-là terre d'accueil par excellence. D'où ce nouveau souci des dirigeants américains : ne pas être pris de court par les Anglais et se joindre à leurs projets d'assistance… en prenant bien soin de paraître les avoir initiés !

Néanmoins, dans un mémorandum adressé au Département d'État américain pour envisager la suite à donner au bouleversement du public, le Foreign Office laissait passer son affolement car, déploraient-ils : « la possibilité existe que les Allemands *puissent passer de la politique d'extermination à une politique d'exclusion* et visent, comme ils firent avant la guerre, à mettre d'autres pays dans l'embarras en les inondant d'immigrants étrangers ». Breckinridge Long, sous-secrétaire d'État à Washington, s'enchantait bientôt dans son journal intime d'avoir mis fin à cet épisode, calmé les velléités anglaises, su « saisir la balle au bond » et retourner aux Anglais « ce fort gênant cadeau ».

Firent le reste à merveille la lenteur, l'immobilisme des instances officielles des deux bords, leur réticence à réagir, leur négligence à répondre aux télégrammes, aux courriers, leur léthargie délibérée, leurs réserves devant toute initiative, leur immobilisme, chaque nation devant recevoir l'aval de l'autre peu pressée de le donner ; autant de mauvaises volontés qui parvinrent à suspendre toute velléité d'agir de chacun.

Fidèles à leur génie de l'inaction lorsqu'il s'agissait des juifs, si importuns même décimés, les responsables des deux grandes puissances conjuguèrent, en fin de compte, leur science de la passivité et décidèrent… d'une conférence ! Une conférence internationale autour du problème des « réfugiés ». Qui, si souvent, ne parvenaient pas même à le devenir.

Ce fut celle des Bermudes en avril 1943, un clone de celle d'Évian cinq ans plus tôt, et qui allait aboutir, elle aussi, à la décision… que l'on n'en prendrait pas. La presse s'indigna, parla de consternation et de colère. Mais les États-Unis, la Grande-Bretagne, ou plutôt encore une fois leurs gouvernements, avaient acquis en cette matière une grande expérience et s'entendaient à passer, allègre caravane, malgré ce qu'ils devaient considérer comme de vils aboiements.

Un clone ? Pas tout à fait. Cette fois, c'étaient des

millions qui étaient morts et qui mouraient et c'était su, c'était dit, c'était diffusé et, si l'on ose dire, vécu. Cette fois, il ne s'agissait plus d'une menace, mais de son exécution dans toute son amplitude et les moyens employés se révélaient incompatibles avec l'entendement. Il ne s'agissait plus du début, de la mise en place d'un régime, mais de ses déchaînements tortionnaires irréversibles. Et cette fois on était en guerre, ne jouait donc plus la frayeur d'en déclencher une.

Et puis, cette fois, ce même 19 avril 1943, jour d'ouverture de la conférence, l'armée allemande lançait son plus violent assaut contre l'insurrection du ghetto de Varsovie, qui entrait ainsi dans sa phase terminale. Une insurrection solitaire, coupée du monde, sans personne pour venir en aide aux insurgés, sans aucun parachutage, aucun soutien d'aucune sorte, les combattants abandonnés à leur bravoure et se sachant abandonnés. Et ce n'est pas cette conférence qui changerait l'ordre des choses. Elle indiquerait plutôt la différence d'ordre existant entre les Bermudes et Varsovie. Elle signalerait l'irréalisme des grandes puissances qui prétendent, au contraire, à ce « réalisme » dont se targuent si souvent les pouvoirs, mais qui ignorent ce que le réel recèle de vital. Ceux du ghetto savaient.

Le 28 avril, ses combattants firent parvenir ce message au monde libre : « Seule la puissance des pays Alliés peut désormais intervenir immédiatement et efficacement. Au nom des millions de Juifs brûlés, assassinés, enterrés vifs, au nom de ceux qui résistent et au nom de nous tous qui sommes condamnés à mort, nous faisons appel au monde [...]. Nos proches alliés doivent enfin comprendre quelle responsabilité ils encourent par leur apathie devant le crime sans précédent commis par les nazis [...]. Le soulèvement héroïque des condamnés du ghetto devrait au moins inciter le monde à des actes à la mesure de la gravité du moment. »

Des actes ? Mais n'était-ce pas un effort majeur que de convoquer une conférence qui organiserait l'inaction ? Cette conférence des Bermudes, première initiative internationale depuis le début de la guerre relative aux réfugiés (sans refuge)[1], en vérité aux juifs que l'on s'appliquait à ne pas mettre en avant, à ne pas nommer, cette conférence ne venait-elle pas de décréter une mesure, une seule, mais à la mesure de l'apathie générale et allant dans son sens : n'avait-elle pas décidé, et ce serait l'unique décision prise, de renforcer un Comité intergouvernemental pour les réfugiés, créé par la Conférence

1. La seule aussi jusqu'en 1944, date à laquelle le président Roosevelt créa la Commission contre les crimes de guerre, dont la bonne mais faible volonté ne put guère s'exercer : les crimes avaient été perpétrés, la plupart des juifs avaient péri. On remarquera qu'en 1944 Roosevelt était pratiquement sûr de la victoire des Alliés et qu'il n'avait plus à craindre l'impact d'une opinion publique, présumée en grande partie antisémite, sur l'issue des hostilités. Roosevelt était d'autant plus attentif qu'à son propos les Républicains avaient parlé de « Jew Deal » (pour « New Deal »).

Le sous-secrétaire d'État Breckinridge Long, chargé en particulier des réfugiés et des visas, et fervent partisan de quotas sévères, notait dans son journal, le 20 avril 1943 : « La conférence des Bermudes est ouverte... Une faction juive conduite par le rabbin Stephen Wise s'est acharnée à défendre sa propre cause, au point de risquer de susciter une réaction allant à l'encontre de ses intérêts. Maints hommes publics ont signé leurs pétitions et le sénateur du Colorado a présenté leur déclaration au Sénat. Le danger vient de ce que ces activités peuvent illustrer les accusations de Hitler, selon lesquelles nous faisons la guerre pour nos citoyens juifs et à leur instigation. »

d'Évian et qui, jusque-là un modèle d'oisiveté, n'allait pas faillir à sa réputation ? Des actes ? Mais cela ne suffisait donc pas aux martyrs insatiables ?

Non. La preuve en est ce message adressé par le Comité national de Résistance juive en Pologne, le 15 novembre, *via* la Palestine : « À la dernière minute avant leur anéantissement total, les derniers survivants du peuple juif en Pologne ont lancé un appel au secours au monde entier. Il n'a pas été entendu... Que ceux qui avaient les moyens de nous aider et ne l'ont pas fait sachent ce que nous pensons d'eux. Le sang de trois millions de juifs hurle vengeance, et il sera vengé ! Et le châtiment ne frappera pas seulement les cannibales nazis, mais tous ceux qui ne firent rien pour sauver un peuple condamné... Que cette dernière voix, sortant de l'abîme, parvienne aux oreilles de l'humanité tout entière ! »

La seule réponse fut le silence, l'inactivité mesquine et rusée, l'obstruction lucide et calculée, raciste, du reste de l'Occident. Sa surdité, son mutisme face au pire, à moins que le pire ne fût ce mutisme, cette surdité.

Et le châtiment ne fut pas pour les responsables mais pour une population arabe absente, tout à fait absente de cette tragédie qui, pourtant, deviendrait en quelque sorte la sienne.

Les prétextes officiels des Alliés pour refuser d'au moins tenter d'empêcher l'extermination ? L'effort de guerre qu'il ne fallait pas freiner, les douze millions de chômeurs aux États-Unis et, surtout, une idée fixe, obsessionnelle : la crainte, souvent mentionnée, de corroborer le moins du monde la propagande de Hitler donnant cette guerre comme fomentée à l'instigation et au profit des juifs. Un souci qui laisse à méditer !

Pendant les trois années et demie au cours desquelles les États-Unis furent en guerre, de 1941 à 1945, n'y furent accueillis que 21 000 réfugiés juifs, soit 10 % du contingent déjà si faible autorisé. Des procédures draconiennes, incohérentes, liées à l'obtention des visas en furent la cause première. Outre de nombreux documents, les persécutés du Reich devaient obtenir leur casier judiciaire ou, au moins, un certificat de bonnes mœurs délivrés par la police qu'ils fuyaient. « Nous considérons que le simple fait qu'un juif est chassé d'Allemagne ou souhaite fuir ce pays pour éviter la persécution, n'est pas un prétexte suffisant pour le dispenser de fournir ces documents s'il a une possibilité raisonnable de les demander aux autorités allemandes », avait déclaré le conseiller juridique du Département d'État en 1933, et cette opinion avait prévalu toutes les années suivantes. La plupart des consulats exigeaient *tous* ces papiers, tenant, sans doute, pour « une possibilité raisonnable » le fait de les demander, voire de les obtenir en de telles circonstances ! Le postulant devait aussi prouver qu'il ne serait pas « à la charge des pouvoirs publics » américains, mais il lui était interdit de faire état d'une promesse d'emploi ; il devait prouver jouir de moyens de subsistance suffisants, alors qu'il était presque toujours dépouillé de tous ses biens, sans compter qu'encore autorisé à sortir l'équivalent de 10 000 dollars en 1933, il ne l'était plus que de quatre dollars, soit dix reichsmarks, en octobre 1934. Ses garants possibles, même un frère ou une sœur, a fortiori des oncles, cousins ou amis vivant aux États-Unis étaient récusés car n'ayant pas d'« obligation alimentaire » envers lui. Son passage ne pouvait être payé par une association. Il est évident que toute personne impécunieuse[1] se voyait d'emblée écartée, mais combien d'autres aussi ! Presque tous. Des queues interminables souvent toute la nuit, de gens de toutes conditions se formaient en vain devant les consulats.

Qui défendait ces gens désespérés ? Il n'y eut pas même de menaces de rétorsions. En 1944, devant le Congrès juif américain, le docteur Joseph Tenenbaum put remarquer, amer : « Lorsque le Japon fut accusé d'utiliser des gaz contre les Chinois, il y eut un avertissement du président des États-Unis qui menaça d'utiliser en représailles des gaz contre les Japonais. Des millions de juifs ont été asphyxiés dans les chambres à gaz, mais personne ne menaça jamais les Allemands de représailles – on ne menaça pas de gazer leurs villes. »

Dès 1933, enjoint par la presse et l'opinion publique de

1. Pour ce qui est de la France, le chargé d'affaires à Berlin, par exemple, Pierre Arnal, promettait de s'en tenir à n'accepter que « des éléments soigneusement choisis » et d'opérer « un filtrage sérieux en ce qui concerne les juifs de condition inférieure ». Un autre exemple ? Le consul général de France à Cologne, Jean Dobler, se flattait, en avril 1933, d'avoir « immédiatement prescrit que, dorénavant, tout postulant à un visa devrait remplir un formulaire indiquant sa confession religieuse » et de suspendre « l'octroi du visa au résultat d'une enquête à mener auprès de la banque donnée comme référence par l'intéressé. Je pourrai ainsi, certainement, écarter un assez grand nombre d'israélites qui ne possèdent aucune ressource ou qui n'en possèdent que d'insignifiantes » (cité par Anne Grynberg, « L'accueil des réfugiés d'Europe centrale en France, 1933-1939 », in *Cahiers de la Shoah*, vol. I, Paris, Liana Levi, 1994).

blâmer officiellement le traitement des juifs en Allemagne, le Secrétaire d'État américain, Cordell Hull, ne se contenta-t-il pas de conversations « officieuses, amicales et privées », il y insistait, avec l'ambassadeur d'Allemagne, Hans Luther, à qui il faisait aussi officieusement qu'aimablement part de ses opinions personnelles ?

Et cela ne se modifia pas avec la guerre : comme le désastre empirait, comme les massacres se précipitaient, le barrage des Alliés, leur retrait face aux réfugiés allèrent, au contraire, s'intensifiant. Ainsi, en 1943, de passage à Washington, Anthony Eden, ministre des Affaires étrangères britannique, appelé, au cours d'une réunion à laquelle participait le président Roosevelt, à se prononcer sur la proposition de sauver 60 000 juifs de Bulgarie, donnait libre cours à ses sentiments sans étonner personne : « La proposition de faire sortir tous les Juifs de Bulgarie doit être considérée avec la plus grande prudence. Si nous le faisons, les Juifs du monde entier vont nous demander de faire des offres similaires pour la Pologne et pour l'Allemagne. » Et, cri du cœur : « *Hitler pourrait très bien nous prendre au mot*[1], or il n'y a pas assez de bateaux ni de moyens de transport dans le monde pour les déplacer. » Réaction banale et récurrente alors ; on la retrouve sous différentes formes aussi bien chez Roosevelt que dans les rapports, les correspondances, les agissements d'une multitude de hauts responsables comme de subalternes.

---

1. C'est nous qui soulignons.

Cette proposition bulgare, comme d'autres du même acabit, posait, il est vrai, de graves questions d'éthique et de stratégie : c'est avec des nazis qu'il s'agissait de négocier ces échanges de juifs contre finances ou encore, par exemple, contre des camions. On peut fort bien comprendre – c'est notre cas – les hésitations et qu'il fut donné une fin de non-recevoir. Néanmoins, ce n'est pas ce problème-là qui fut mis en avant mais l'impossibilité, c'est-à-dire le refus, de donner asile aux réfugiés.

Lorsqu'en mars 1943, il fut considéré que 70 000 juifs roumains, et aussi des enfants français juifs, pouvaient être sauvés, cette fois dans des conditions jugées acceptables, l'autorisation ne fut donnée que le 18 décembre après des kyrielles de blocages, de tergiversations, de lenteurs inutiles de toutes sortes, durant lesquels le rythme de l'hécatombe s'accélérait. Or, à la dernière minute, le 15 décembre, le ministère britannique de la Guerre économique, qui s'était déjà opposé au projet, tentait encore d'enrayer le processus avec un message qui faisait part, à propos « des sommes versées pour le sauvetage des Juifs de France et de Roumanie », de son inquiétude quant aux « difficultés que susciterait l'établissement de tout nombre important de Juifs s'ils étaient sauvés... », d'autant que cela pourrait encourager « à pousser dans nos bras un nombre de Juifs plus grand encore ».

La terreur n'était pas de voir ces hommes, ces femmes et des enfants exterminés, torturés, mais de les voir libérés, un afflux redoutable. « Pas chez nous ! Pas chez nous ! » Le chœur était général et les propos d'Anthony Eden, un langage courant.

Quant à la pénurie de bateaux sans cesse avancée, elle n'existait guère : outre des moyens maritimes possibles provenant de différents pays neutres, comme le Portugal, on pouvait utiliser une quantité suffisante de navires qui, chargés de troupes ou d'approvisionnement à destination de l'Europe, retournaient à vide aux États-Unis – où, d'ailleurs, on avait pu transférer 400 000 prisonniers de guerre allemands.

Au cours de la guerre, les uniques moyens de transport pour ces juifs furent trouvés par les nazis. Malgré leurs difficultés réelles en cette matière, ils disposèrent jusqu'au bout de tous les trains nécessaires pour les emmener en aussi grand nombre que voulu vers Auschwitz, Treblinka, Belzec, Chelmno, Sobibor ou tout autre camp de la mort, les seuls lieux où ils étaient souhaités.

Inactif, cependant, le monde libre ? Non, il conduisait une guerre essentielle, qui serait victorieuse, mais qui écartait les priorités déchirantes : celles qui auraient dû l'avoir engendrée, sous-tendue, celles auxquelles elle avait vocation. Or, cette guerre se déroulait héroïque, certes, mais laissant de côté tortures et génocide, consentant à leurs ravages, ignorant des millions de civils qui périssaient dans des supplices. Par là, elle assistait le crime, l'encourageait, surtout l'installait ailleurs que dans l'exception, puisque le monde entier ne se dressait ni ne s'ouvrait pour protéger ceux que ce crime menaçait, happait, exterminait. Au contraire, il participait, fût-ce par omission et si peu que ce fût, à une version, si pâle fût-elle, du symptôme nazi. On peut se révolter devant cette assertion, mais elle fut perçue, ô combien physiquement et jusqu'au tréfonds de leurs âmes, par les millions d'êtres traqués dont aucune nation ne voulait, même pour les sauver de la mort. Et de pire que la mort.

Une parenthèse, cependant : l'Europe, l'Occident, si délétères ici, n'en témoignent pas moins de prodiges dans l'espace et le temps. Ils n'en sont pas moins la source, le foyer d'œuvres qui jalonnent et légitiment la présence humaine. Ainsi va le monde chancelant parmi ses merveilles.

Ainsi n'en est-elle pas moins, cette Europe, l'initiatrice de la démocratie, si vulnérable soit cette dernière, si périssable, si souvent grièvement détériorée, mais toujours un repère, sans doute une utopie, par eux-mêmes salvateurs. L'ont aussi rachetée alors, en ces temps de ténèbres, les résistances en chaque pays, au sommet du courage, et tous ceux, toutes celles, qui, sans prétendre à l'héroïsme, sauvèrent ou tentèrent de sauver si héroïquement, en fait si anonymement, avec un tel naturel, au sein de tels périls, tant de ceux qui étaient pourchassés.

« La victoire d'abord » était, à juste titre, la devise en cours des Alliés. Mais quelle victoire et la victoire sur quoi, alors que sans entraves le pire a pu se dérouler ? À noter qu'une politique de défense des proies de Hitler, de lutte précise contre l'horreur en cours, de sauvetage, en un mot, n'auraient pas nui à l'effort de guerre, excuse souvent mise en avant.

Ainsi du bombardement des voies ferrées, des chambres à gaz et des fours crématoires d'Auschwitz, réclamé instamment et à plusieurs reprises en 1944 par des réseaux internes de résistance juive, qui joignaient à leurs suppliques des rapports détaillés sur la topographie du camp et sur les abominations qui s'y déroulaient. Plus que jamais il y avait urgence : les nazis, en train de perdre la guerre, montraient d'autant plus de hargne et de zèle à détruire le plus de juifs possible à la hâte et en nombre croissant. Leur projet d'extermination dominait plus que jamais, peut-être aussi parce qu'il demeurait le seul à pouvoir être encore mené « à bien ». Il s'agissait d'une course contre la montre. On annonçait, par exemple, le départ de centaines de milliers de Hongrois vers le camp ; il était faisable d'endiguer, tout au moins de freiner leur transport, de le désorganiser en détruisant les voies ferrées qui y menaient, en particulier les embranchements ferroviaires (quatre lignes de chemins de fer se croisaient à Auschwitz), et d'au moins entraver, ralentir, amoindrir sinon empêcher leur massacre en détruisant les installations de mort à l'intérieur du camp ; la conjoncture défavorable aux nazis ralentirait la reconstruction des objectifs atteints[1]. L'urgence était de retarder le pire : les forces soviétiques avançaient, une multitude pouvait

1. Les camps demeurèrent tous intacts jusqu'à la fin de la guerre, à moins que les nazis eux-mêmes, avant de fuir, ne les détruisent, supprimant ainsi leurs traces. En France, un beau film, *La Bataille du rail*, de René Clément, célébrerait la résistance des cheminots, mais sans mentionner qu'ils laissèrent partir et firent circuler sans la moindre obstruction tous les convois de déportés, au moins jusqu'aux frontières, vers les camps.

encore être sauvée. Il fallait gagner du temps, on ne le tenta pas, il fut perdu à tout jamais.

Comme toujours, cela fut considéré comme n'étant pas « de la compétence » des services approchés ni d'aucun autre, et l'on se renvoya de secteur en secteur la proposition si pressante, en fin de compte refusée. Lorsque d'autres tentatives furent faites dans le même sens, le colonel Harrison Gerhart s'excusa auprès de son supérieur John McCloy, secrétaire adjoint au Département de la guerre américain, d'avoir à lui transmettre à nouveau le même message : « Je sais que vous m'avez dit "d'enterrer" cela[1]. » Aussi proposa-t-il de donner la même réponse que dans une lettre précédente, où ces bombardements étaient déclarés « impraticables » en raison « de très grandes difficultés techniques », d'ailleurs on ne pouvait « détourner » des avions d'autres objectifs prévus. Il n'y avait donc « pas d'autre choix que de s'abstenir de mettre à exécution cette proposition », mais on réconfortait l'interlocuteur : elle avait été « minutieusement examinée ».

Fort ému, un certain John Pehle[2], à la tête de la toute

---

1. Déjà, un mois avant l'ouverture de la conférence des Bermudes, Richard Law, à la tête de la délégation britannique, avait écrit, le 18 mars 1943, à son ministre Anthony Eden : « Je suis désolé de vous importuner avec les Juifs. Je sais à quel point tout cela est ennuyeux » (*in* Yehuda Bauer, *Repenser l'Holocauste,* Paris, Autrement, 2002). Notons qu'en 1965, à propos de la conférence des Bermudes, Law, devenu Lord Coleraine, déclarerait à Arthur Morse : « C'était une question d'auto-justification, une façade pour masquer l'inaction. Nous avons prétendu que les résultats de la conférence étaient confidentiels, en vérité je ne me souviens d'aucuns résultats » *(in* Arthur Morse, *Tandis que six millions de Juifs mouraient, op. cit.*).

2. C'est John Pehle qui devait déclarer : « Nous avions fait très peu, très tard. Je dirais : trop peu, trop tard », *in* David Wyman, *L'Abandon des Juifs,* Paris, Flammarion, 1987.

récente Commission pour les réfugiés de guerre, tenta alors une dernière fois sa chance et suggéra de bombarder simultanément le camp et les importants sites industriels basés à Auschwitz. Il lui fut répondu que les forces aériennes devaient s'en tenir à « leur système de cibles industrielles » et qu'Auschwitz n'en faisait pas partie. On ajoutait que « la cible d'Auschwitz » était « en dehors du rayon d'action maximale des bombardiers moyens, des bombardiers en piqué, des chasseurs-bombardiers », et que « l'utilisation de bombardiers lourds imposerait un vol aller-retour sans escorte d'environ 3200 kilomètres au-dessus du territoire ennemi ». Nouveau refus, définitif cette fois.

Or, au même moment, le 20 août 1944, Auschwitz et sa région *étaient* pilonnés par des bombardiers lourds ! Les cibles industrielles. Mais pas le camp. Par hasard une bombe endommagea un embranchement ferroviaire y menant. Tout le site industriel, surtout une raffinerie d'huile et une usine de caoutchouc, situé dans Auschwitz III, fut massivement et à plusieurs reprises bombardé par des bombardiers lourds[1]. Au cours de ces bombardements, qui eurent lieu les 20 août, 13 septembre, 18 et 26 décembre, 287 bombardiers lâchèrent 3388 bombes sur Auschwitz ! Mais ignorèrent le camp.

La question n'est pas de savoir s'il eût été bon ou non de bombarder le camp d'Auschwitz, ce qui est discutable

1. De nombreuses missions photographiques aériennes avaient déjà rapporté quantité de documents très précis où figuraient même les détenus devant les chambres à gaz et autour des crématoires.

(c'eût été bombarder aussi les détenus), mais de remarquer une fois de plus le refus systématique, la mauvaise foi, le nombre d'erreurs grossières, l'hostilité infuse opposés aux enjeux vitaux des requêtes urgentes, désespérées, émanant des réseaux internes d'une résistance polonaise juive, bafouée.

On a souvent parlé de la soumission des juifs pendant la guerre. Cela même constitue un aveu. Comme s'il leur incombait de mener leur propre guerre au sein d'un conflit qui, avec les moyens dont disposaient les Alliés, aurait dû cibler ce qui anéantissait la civilisation : l'extermination des personnes juives. Il ne s'agissait pas d'agressions locales contre une « communauté », mais d'une attaque contre l'ensemble de l'humanité, contre son concept même.

Combien de fois ces êtres dispersés, disparates, furent-ils (et sont-ils encore) blâmés de ne pas avoir fait front seuls face à une Europe entière sous le joug de l'Axe, une Europe d'acier, d'armées pléthoriques, de polices bestiales, de foules extasiées devant la dictature. On leur reproche de ne pas avoir lutté, isolés, contre une puissance dont les forces alliées unies ne venaient pas à bout ! Sait-on ce que cela signifiait d'être enfoui dans le fossé européen, enfermé, écroué, clôturé au sein d'un tel arsenal, d'une masse d'hommes fanatisés, d'armements lourds, de puissance financière, de terreur organisée, de propagande déchaînée ?

Ceux qui avaient vocation à résister rejoignaient tout naturellement les mouvements de résistance (parfois spécifiquement juifs), les maquis ou Londres. Mais il s'agissait pour les autres d'individus si divers, inorganisés, groupés en cellules familiales, des gens d'âges, de nationalités, de mentalités, de milieux différents et, le plus souvent, sans aucun lien entre eux. Ils n'ont pas été des « moutons ». Les moutons étaient à Munich.

Ce n'étaient pas des « juifs » qui étaient en question, mais, dispersés, des hommes de toutes sortes, des mères de famille, des bébés, de vieilles gens, qui, très naturellement, s'identifiaient à leurs rôles banals. Il s'agissait d'ouvriers, de gens modestes, mais aussi de grands privilégiés, mondains, très fortunés, voire de célébrités. Pieux, souvent pieux et savants, souvent sans religion aucune ou devenus chrétiens, ils participaient de toutes les branches de l'éventail social et, d'une branche à l'autre, il n'existait pas plus de liens entre eux qu'il n'en existait dans l'ensemble de la société.

Ainsi, le chef suprême des SS et de la police de Russie centrale, Erich von dem Bach-Zelewsky, pourchasseur de partisans et massacreur de juifs, déclarait au journaliste Leo Alexander à propos de ces massacres : « Contrairement à l'opinion des nationaux-socialistes, selon laquelle les Juifs formaient un groupe hautement organisé, la réalité terrifiante était qu'ils n'avaient aucune organisation de quelque type que ce fût. Ils ne savaient pas quoi faire, ils n'avaient aucune directive ni mot d'ordre indiquant comment ils devaient agir. C'est ici la dénonciation du plus grand mensonge de l'antisémitisme car cela contredit l'affirmation selon laquelle les Juifs conspirent pour dominer le monde et qu'ils sont terriblement organisés. »

Il est vrai que les juifs ne formaient pas un groupe organisé, moins encore « un » peuple. Leurs conditions différaient selon les pays. En Europe occidentale[1], le grand nombre se vivait d'abord en tant que citoyennes, citoyens de nationalités, d'identités française, hollandaise, allemande, etc., ou même apatride. Leur appartenait aussi la qualité juive dont il y avait, certes, lieu d'être satisfait, mais dont en démocratie ils pouvaient indifféremment tenir compte ou pas[2]. La question n'était pas, n'aurait pas dû être, celle de leur attachement ou de leur détachement plus ou moins profond à une religion ou à des traditions car, en démocratie, cela n'aurait dû relever que de la vie privée. Pierre Masse, lorsqu'il lui fut demandé en 1941, par lettre officielle si, sénateur de l'Hérault, il était d'origine juive, écrivit directement au

1. Hitler s'attaqua aux juifs d'Europe. Mais leur situation antérieure variait selon les pays dont ils étaient les citoyens. En Europe de l'Ouest, malgré un certain antisémitisme latent mais non opérationnel, ils vivaient en osmose avec leurs concitoyens ; un grand nombre faisant partie de l'« élite » et des cercles du pouvoir. La loi ne les différenciait en rien de leurs concitoyens, et de moins en moins l'usage. En Europe de l'Est, visés, menacés, victimes aussi de pogroms, ils vivaient le plus souvent groupés, en marge et en communauté. Comme toujours, généraliser fausse les données et toute analyse.

2. C'est une facilité de dire encore aujourd'hui : « Tant de juifs furent arrêtés ou raflés ou fusillés ou déportés et gazés. » En vérité, il était question de tant d'Allemands, de Français ou de Belges, de Hongrois ou autres citoyens de différents pays ou même apatrides. Les définir d'abord comme juifs ne traduit pas leur identité officielle, sauf alors, en régime nazi. Et ne traduit pas la façon dont la plupart, très naturellement et légitimement, se percevaient : en fonction d'abord de leur nationalité. C'est le système nazi qui les définissait et les désignait comme juifs, à l'exclusion de tout autre signe identitaire, en dérogation à leur statut légal et en fonction d'une prétendue « race ».

maréchal Pétain : « Monsieur le Maréchal, il n'y a pas de "Juifs" au Sénat. Ne font partie de cette assemblée que des citoyens français, quelle que soit leur religion, élus par un Collège électoral, conformément à une Constitution qui n'a pas été abrogée sur ce point. » Ce n'était pas là renier le judaïsme, c'était, au contraire, le revendiquer dans son droit et dans sa liberté.

Certes, souvent, des forces nazies ou leurs vassales dans les pays occupés, dominaient en petit nombre un nombre infiniment plus important de victimes, mais, derrière ces forces en apparence limitées, s'amassait l'immense puissance de l'Europe guerrière et policière et, par-delà encore, le monde entier se dérobant à l'accueil des opprimés, à leur sort, à l'urgence de leur sauvetage, à tenir compte d'eux. Un monde en guerre, mais s'accommodant de leur situation. Et n'oublions pas que dans ce creuset hermétique menaçaient toujours, en cas de rébellion, d'atroces représailles souvent exercées sur d'autres et faciles, si faciles à pratiquer. Cette soumission était quasi scientifiquement obtenue par des méthodes spécifiques (comment furent-elles étudiées, établies ?), lesquelles se révélèrent partout efficaces, en particulier dans *tous* les camps, qu'ils fussent réservés aux juifs *ou non*.

Mais était-ce bien de soumission qu'il s'agissait et non, souvent, d'une certaine forme dépouillée, poignante, de courage ? Ces gens allant à la mort sans recours, dociles, en silence et sans hystérie, cela traduisait-il de la soumission ou un certain stoïcisme, une effroyable sagesse et aussi le sentiment d'être mondialement abandonnés ?

Aucun désir de s'illustrer. Face à l'inédit insoutenable, pas de réponse sinon muette, en quelque sorte distante, absorbée par le bref laps du prolongement de soi. « Nous avons autre chose à vivre, jusqu'à cette mort, que cette mort » semblaient-ils exprimer. Une forme de résistance inconsciente à la scène imposée.

Il y eut fort rarement, et très fortuitement, des témoins directs extérieurs au délire meurtrier. Un de ces rares exemples : celui d'Hermann Friedrich Graebe, un industriel allemand dont demeure la déposition écrite, datée du 10 novembre 1945, au procès de Nuremberg. Ce directeur d'usines visitait des succursales en Ukraine ; c'est là qu'il assista, le 5 octobre 1942, à l'une de ces fusillades en masse dont les victimes nues attendaient sans se débattre, au bord d'une fosse, d'y être assassinées. Cinq mille le furent cette fois, par fournées. « Durant le quart d'heure que je restai là, je n'entendis pas une seule plainte ou demande de grâce. J'observais une famille d'environ huit membres : un homme et une femme âgés d'une cinquantaine d'années, entourés de leurs enfants, d'environ un, huit et dix ans, et de deux jeunes filles d'environ vingt et vingt-quatre ans. Une vieille femme, aux cheveux tout blancs, tenait dans ses bras le bébé, le berçant et lui chantant une chanson. L'enfant, très satisfait, criait de joie. Les parents regardaient le groupe les larmes aux yeux. Le père tenait par la main le garçon de dix ans, lui parlait doucement ; l'enfant luttait contre ses larmes. Puis le père leva le doigt vers le ciel et, caressant la tête du garçon, sembla lui expliquer quelque chose.

[...] Je me souviens très bien d'une jeune fille mince, aux cheveux noirs qui, passant près de moi, se désigna du doigt : "Vingt-trois ans"... » L'industriel s'étonnait qu'on le laissât regarder, mais il remarqua deux postiers en uniformes qui assistaient aussi à la scène en badauds. « La fosse commune était déjà remplie aux deux tiers de corps empilés, environ un millier. Quelques-uns parmi les fusillés bougeaient encore ; d'autres levaient la main, tournaient la tête pour montrer qu'ils étaient encore vivants. [...] Les gens complètement nus descendirent quelques marches creusées dans la paroi argileuse et se placèrent à l'endroit indiqué par les SS. Étendus en face des morts ou des blessés, certains caressaient ceux qui vivaient encore et leur parlaient à voix basse. »

Est-il besoin de commentaire ? Certes, aucune lutte, rien de spectaculaire, mais une activité concentrée sur l'immédiat sans agitation. Cet homme qui faisait ce qu'il lui restait à faire auprès de cet enfant abandonné du monde entier, grotesquement visé par des imbéciles, mais entendant avant d'être exterminé une voix juste émanant d'une présence réelle. Ces gens dont la mort est imminente et qui consolent encore ceux qui les ont précédés. Quelle réponse plus respectable, si poignante d'être aussi respectable, que cette fin attentive, préservant un tel naturel au sein d'une telle fin. Cette nudité aussi – plus insultante à l'époque qu'elle ne le serait aujourd'hui – si dignement assumée. Passivité ? Non. Dédain face à l'inéluctable qui ne mérite rien. Pas une seconde à perdre à se débattre contre ce à quoi le reste du monde, ses puissances officielles pourtant en guerre, s'était, *lui*, soumis. Contre ce destin sans remède et forclos.

Une scène encore intime, presque bucolique auprès de multitudes d'autres en ces temps glacés, comme l'entrée dans les chambres à gaz ou, pire peut-être, l'enfer de la survie dans les camps, le déni de la vie, son avilissement radical, le plus souvent suivis d'une mort plus barbare encore, plus obscène et à peine décalée dans le temps.

Dans cette civilisation de charniers, de monceaux de cadavres nourrissant des fumées, les corps assassinés avec chacun sa propre biographie fauchée, ses espoirs et ses trivialités, n'étaient pas ceux de « victimes » mais ceux de vivants torturés. Nul n'est « une victime » prédestinée, une victime professionnelle, à qui devenir victime devait donc arriver : nul n'y est jamais prédisposé, chacun se trouve être l'hôte de la vie naturelle, personnelle qui l'habite, de son effervescence, de son intimité. C'est un nom à vif qui chaque fois disparaissait, un corps et l'ombre de ce corps. Une conscience singulière. Un monceau de désirs.

Mais pas non plus d'angélisme du côté des victimes. L'ironie veut que la discrimination relative aux juifs était contredite dans tous les sens : ils n'étaient ni pires ni non plus meilleurs : ils n'étaient autres qu'en fonction de la persécution qui les visait.

On connaît le rôle atterrant des Conseils juifs[1] dans

1. Ces Conseils juifs (*Judenräte*), recrutés parmi les notables juifs, reproduisaient une hiérarchie sociale antérieure, caricaturée mais rassurante et

les ghettos et de la police juive si redoutable qui les secondait. On sait que les déportés furent chargés dans les camps de toutes les besognes, emplissant eux-mêmes les fours crématoires des corps de leurs congénères, certains devenant eux-mêmes des persécuteurs et calquant leur conduite sur celle des SS, avant d'être, à leur tour, gazés ou, trop épuisés, de devenir cadavres.

Il y eut aussi des héros anonymes. Insurrections de nombreux ghettos. Soulèvements dans les camps de Treblinka, Sobibor, Auschwitz, Birkenau. Résistances individuelles ou organisées au sein du système concentrationnaire, rébellions pour l'honneur, de par la colère. Séditions vaines, les insurgés le savaient, isolés du monde extérieur, abandonnés par lui. Solidarités poignantes. Périls démentiels affrontés afin de laisser des témoignages sur place avant de disparaître, avant de n'être plus là ni peut-être personne pour témoigner. Ainsi

---

« naturelle » aux yeux des intéressés. Ces Conseils, « coopérant » avec les nazis, administraient, gouvernaient les ghettos, avec à leurs côtés une police juive en uniforme aussi intraitable et brutale que la police nazie. Ainsi économisaient-ils des effectifs aux Allemands en prenant en charge (sous la férule nazie, mais avec souvent une certaine autonomie) la discipline, l'organisation et la surveillance des ghettos. Pire : ils étaient chargés de sélectionner les juifs à déporter, à envoyer dans les camps et les chambres à gaz. La plupart, imbus de leur supériorité sociale, étaient sincèrement convaincus de gérer pour le mieux une situation tragique. Plusieurs se suicidèrent face à l'évidence soudain révélée de l'atroce perversité de cette politique du moindre mal. Certains furent grisés par leur prépondérance, au point que l'un d'eux, Chaim Rumkowski, fit imprimer des timbres à son effigie. Tous périrent, tôt ou tard, déportés et gazés.

Dans les ghettos, boîtes de nuit et restaurants de luxe accueillaient, surtout au début, les nantis, tandis que toute une population sans ressources mourait quotidiennement de faim dans les rues. Mais souvent, il était aussi créé dans la clandestinité des écoles, des rassemblements politiques, des groupes culturels, des lieux de prière, un appareil d'aide sociale.

de ces carnets, journaux intimes, poèmes écrits par les déportés malgré la pénurie, le danger, les obstacles; traces enfouies, cachées, enterrées dans les camps. Ainsi encore, évoqué par Georges Didi-Huberman, du risque poignant encouru afin de prendre, depuis l'intérieur d'Auschwitz, des photos du camp réclamées par la Résistance polonaise. S'y impliquèrent avec le photographe, dans un péril sans limite, de nombreux complices, guetteurs, passeurs de l'appareil puis des négatifs. Quatre clichés existent «arrachés à l'enfer». Le moins signifiant d'entre eux, remarque l'auteur, n'est pas celui pris en marchant et ne représentant que des branches d'arbres contre le ciel, maladresse de l'urgence qui inscrit, immédiate, l'épouvante affrontée. Mais n'y perçoit-on pas aussi, simultanée à cet enfer humain, la présence impavide d'un arbre, de ses branches, de la nature étrangement identique à elle-même, au sein de laquelle s'activait l'horreur?

Tout autrement, à découvrir dans l'œuvre impérissable, définitive, de Claude Lanzmann, *Shoah*, les paysages de l'enfer filmés une fois l'horreur ancrée dans le temps, mais physiquement éteinte, on pressent, là aussi, que le ciel avait pu, sans doute, au-dessus du supplice, être bleu comme ici; qu'il avait exisé des couleurs, des feuilles, des saisons associées au cataclysme et qu'avaient persisté autour d'Auschwitz le chant des oiseaux et, non loin de la puanteur des fumées composées de corps humains, l'odeur de l'herbe chaude. Leurs présences implacables, indifférentes, que le scandale ne touchait pas.

Au sein de cette déréliction eurent lieu, sans doute,

bien plus de révoltes qu'il n'est su, puisqu'une chape cache à jamais ce qui se produisit alors et que c'est par lambeaux, au hasard des rares survivants si souvent peu loquaces, peu incités à l'être, que nous apprenons des bribes de ce qui eut lieu, mais, dans l'ensemble, nous ignorons tout, presque tout, de ce que vécurent avant de mourir ces millions de personnes et surtout chaque personne au sein de ces millions. Peut-être était-ce le plus grave, le plus profond souci des sacrifiés, lié à leur plus profonde douleur, que celui de la trace qui ne se gravait pas et dont chacun ignorait alors s'il en demeurerait, s'il en subsisterait une, ne serait-ce qu'une seule. Pour la plupart, il n'en demeure pas, pas plus que des tombes. Seule, la liste des noms. Survivre, c'était pouvoir témoigner.

Il faudrait des livres et des livres et des livres (ils existent) pour seulement approcher l'indicible des camps, l'effarante multiplicité de leurs horreurs chaque fois impensables. À travers elles s'exerçait une compétence dont on ne s'est pas tant demandé comment elle fut acquise, pratiquée avec un tel savoir, une telle efficacité et qui consistait à abolir systématiquement la personne au sein de la personne et ce dans des masses et des masses de personnes, au travers d'un tel déluge de tortures, d'ignominies, de privations, d'humiliations culpabilisantes, avilissantes, savamment calculées afin de parvenir, par d'innombrables voies sadiques, à réduire les victimes au point de les faire devenir les instruments de leurs propres supplices, de leur faire tenir le rôle de leurs propres bourreaux.

Par la voix d'Ariel, Shakespeare s'écrie dans *La Tempête* : « L'enfer n'existe pas, tous les démons sont ici. »

La spécificité de ces génocides et du crime nazi résidait bien dans la dénaturation voulue, techniquement obtenue de la personne humaine abrogée souvent avant de mourir. Déchue. Annihilation, désagrégation que l'on retrouve à l'œuvre, avec la même efficacité, auprès des populations concentrationnaires non juives, détruites elles aussi mais en moins grand nombre et sans chambres à gaz, avec férocité, mais à un degré moindre de frénésie et de précipitation exterminatrice. À découvrir clandestinement non pas même les camps, mais le ghetto de Varsovie, Ian Karski, membre du gouvernement polonais en exil à Londres, affirmait : « Ce n'était pas le monde. Ce n'était plus l'humanité. » Mais si !

En vérité, autant que de l'histoire tragique des juifs, il s'est agi là de la tragédie d'un monde se révélant capable d'exécuter et d'accepter ce qui se passa là. C'est l'homme dans le dédale de ses possibilités mêmes qui est en cause, dans sa fragilité morale, éthique, avec ses obsessions funestes et sa capacité de les satisfaire, dans sa propre menace pour lui-même, dans sa liberté de tarir celle des autres, d'abjurer la loi, d'être apte à diffuser, absorber et traduire le mépris du respect. Et les victimes ne sont pas exemptées de cette tragédie-là. Même s'il existe partout des justes qui ne deviendront jamais des bourreaux, les comportements de chacun dépendent de la distribution des rôles, qui peuvent être octroyés différemment selon les conjonctures. Nul n'est exempté d'être d'un autre bord dans un autre *casting*, et d'avoir alors à faire, en des situations imprévisibles, des choix jusque-là jamais rencontrés.

Une remarque : le phénomène le plus pérenne, peut-être le plus nocif, le plus répandu fut la léthargie du public, son assentiment par omission ou l'indolence de son dissentiment. Sa distance avec le politique. Ce que visent les tyrannies peut varier, mais le public qui les agrée par indifférence, par terreur ou qu'elles portent au fanatisme, à la jubilation risque de demeurer le même partout, en toutes circonstances et en tous temps : poreux à la propagande.

Ces foules qui se sont inclinées, massivement passives, vaguement consentantes, attentives surtout à subir l'Histoire au moindre coût, à ne s'impliquer dans d'autres rôles que celui de spectatrices, aspirent toujours à rejoindre l'assentiment général et à s'y lover, absentes le plus possible aux catastrophes politiques, comme si d'antiques expériences leur dictaient la prudence et les conforts de l'inattention[1].

Ce sont les mêmes foules qui perdurent avec les mêmes instincts et que les pouvoirs, dans leur ensemble,

1. Mais aussi pour certains, quelle jouissance de blesser son pareil, de transgresser le cadre de la gangue humaine en se donnant le droit de broyer celle de l'autre, de donner cours à la méchanceté sans limites, la sauvagerie sans borne, celles que l'on craint de voir dirigées contre soi. Quel meilleur, quel plus facile moyen d'atteindre à l'illusion de la sécurité que de devenir soi-même la terreur, de la pratiquer ou même de la servir ou de l'encourager ; d'être du « bon côté », d'autant plus rassurant que l'autre sera pire ? Comme si pratiquer la terreur revenait à s'en protéger.

font tout pour assoupir – des pouvoirs qui, souvent simples suiveurs eux-mêmes de dogmes en cours, tiennent ceux-ci pour incontournables et consentent avec ces foules aux mêmes anesthésies. Derrière la façade officielle joue alors une soumission fondamentale mais souvent impondérable, qui laisse advenir toutes les tragédies.

C'est l'indifférence générale qui, permettant tout, provoque le pire, insidieuse, et qui permet de « faire respecter le consentement au lieu de la justice ». C'est bien elle qui forme le terrain où peut s'implanter la tyrannie et qui détourne de la combattre. Le nazisme ne se présentera plus jamais sous sa forme première ni aucun autre événement de l'Histoire : le « plus jamais ça » est, en ce sens, gagné. Hitler est mort et le monde a vieilli. Mais l'inattention des foules ou leur enthousiasme si facilement acquis par la propagande et la peur, voilà le danger permanent qui permet aux menaces, quelles qu'elles soient, de prendre place et d'aboutir. Ce n'est pas la même menace qui se répète, mais c'est la même indifférence à son encontre qui lui permet de se réaliser et d'entrer dans l'Histoire. Le même laisser-aller à la facilité.

Or, rien ne répond davantage à la facilité que le laisser-aller du racisme aux instincts primaires et à la stupidité fondamentale vers lesquels il fait régresser. À ce propos, songe-t-on à la bêtise de cette formidable énergie déployée, et en temps de guerre, aux fins de traquer des bébés juifs, d'assassiner des vieilles dames juives, de financer une tuerie maniaque ? Un épanchement viscéral dénué de sens au point qu'il n'occasionnait aucune propagande ni ne répondait à aucune fin d'exemplarité. Hitler, au contraire, dépensait encore de l'énergie pour cacher les turpitudes, les sauvages, les inédites atrocités des camps, leur sinistre réalité[1]. Dissimulation qui exacerbait l'épouvante, d'autant plus terrifiante que sournoise et participant alors d'une « inquiétante étrangeté » plus pétrifiante que la mort, car évoquant ce qu'elle a de plus angoissant, qui est pire que la mort et qui fut la vérité des camps.

« Les hommes normaux ne savent pas que tout est possible », écrivait David Rousset au sortir du camp de Buchenwald. Cependant, après la Seconde Guerre mondiale, nul ne pourrait plus ne pas le savoir (sans toutefois en concevoir la réalité), nul ne pourrait ne pas se sentir périlleusement altéré ou en danger de l'être et nul n'aurait, dès lors, de cesse de l'oublier, d'aspirer à recouvrer les anciens repères et à redevenir celui ou celle qui ne savait pas, qui ne voulait pas savoir et qui y parvenait.

Mais cet « homme normal », n'avait-il jamais rencontré l'occasion de savoir ? Aux yeux de Rousset, ne représen-

1. Il a pu de moins en moins les cacher aux populations. Le sort des déportés interférait avec tant de professions diverses : hommes d'affaire, firmes qui fournissaient les camps, industriels qui leur réclamaient une main-d'œuvre esclave, d'autres travailleurs dans ces industries, dont certaines furent implantées à l'intérieur des camps, mais aussi des cheminots, des chauffeurs, des secrétaires, des fonctionnaires, les habitants des villes, des campagnes adjacentes aux camps, etc. Des camps qui étaient de notoriété publique, même si en parler était interdit. Les voyageurs des trains passant par Auschwitz se pressaient aux fenêtres, tentant d'apercevoir quelque chose du camp. Une expression : « Tu passeras par la cheminée » était devenue proverbiale (respectivement, témoignage de R. Diels et du SS Perry Broad à Nuremberg, le 20 octobre 1947, *in* Léon Poliakov, *Bréviaire de la haine*, Paris, Calmann-Lévy, 1951).

tait-il pas l'homme occidental, c'est-à-dire l'homme blanc, soit la référence, la norme, l'archétype humain ? N'était-ce pas lui qui avait, fort de sa prépondérance, conquis les Amériques, l'Afrique et autres lieux, à coups de massacres, d'exactions, à coups de génocides ? N'avait-il pas été, n'était-il pas encore, au milieu du XXe siècle et en toute bonne conscience, un colonisateur ? N'avait-il pas admis, n'admettait-il pas encore, avec plus ou moins d'hypocrisie, la notion de « sous-homme », celle-là même qui sous-tend l'idéologie nazie et déclenche la permissivité ? Ne tenait-il pas pour un fait acquis le droit à la domination de certaines populations sur d'autres, déclarées inférieures ?

Deux mondes existaient pour lui : le monde blanc, tenu pour civilisé, qui était le sien, et celui des « indigènes », voire des « sauvages », où tous les crimes, les prédations, les ethnocides lui avaient été permis, où les plus graves abus l'étaient encore. En cet espace-là, le Droit n'existait plus, sinon en lambeaux et pour protéger l'arbitraire, dont la pratique demeurait l'apanage de la « civilisation ». Ces lacunes du Droit, ou même son absence en ces lieux étaient tenues pour la légitimité même, la règle, l'évidence. Sur ces terrains, crimes et abus n'étaient pas pris en compte.

Spoliations, carnages, génocides de peuples entiers ont été perpétrés, au cours des siècles, par et pour les Européens sur d'autres continents en toute bonne conscience, avec l'approbation du public, son admiration devant de tels exploits, sa gratitude une fois assouvi son goût de la possession. Cela grâce à l'aptitude des Occidentaux à gérer, à oblitérer, à camoufler ce qui les gêne, sans qu'en soit en rien altérée l'image du monde qu'ils se donnent ni le rôle qu'ils prétendent y jouer.

Certes, ce n'est pas là, et de loin, tout ce qui définit l'Occident, dont la présence, les prises de conscience, l'histoire se révèlent aussi bien salutaires et sublimes souvent. Mais à quel prix ? Ou avec quelles lacunes, d'autant plus dramatiques ? Est-ce au prix de ces tyrannies que sont nées et la démocratie et les sciences de la pensée, de la beauté, et la générosité et même, plus qu'ailleurs peut-être, un sens de la justice, il est vrai sans cesse contredit, voire transgressé ? L'humanité est ainsi faite en ses lieux de vie paradoxaux où chacun doit mourir, mourir forcément, où, cependant, et c'est ici la contradiction première, son pathos intraitable, on n'aime pas mourir, où mourir épouvante.

La géographie politique du XXe siècle, issue des crimes des siècles précédents, s'inscrivait dans leurs conséquences et cela passait inaperçu ; un canevas jamais mis en cause, moins encore en question. Le monde blanc évinçait celui des autochtones souvent eux-mêmes éradiqués. Il le supplantait, asservissait les survivants de ces peuples d'autres couleurs, dont l'Histoire ne s'était pas inscrite en symbiose avec celle de la civilisation occidentale, tenue pour l'unique référence valable et dont le récit fondait la seule chronologie faisant autorité.

Dès lors, l'incongruité des habitants originaires de ces contrées les privait de la moindre légitimité. Toute licence à leur égard étant autorisée, on pouvait disposer d'eux, de leurs territoires à volonté, soit en fondant (eux pratiquement disparus) une nouvelle nation sur leurs terres comme, par exemple, les États-Unis, soit en les colonisant. Supposés d'une autre espèce, les survivants considérés comme au moins potentiellement dangereux, de caractère autiste, participaient d'une sous-humanité, au mieux d'une humanité subalterne vouée à l'oppression et à la douleur. Les respecter était impensable.

L'« homme normal », par lequel et pour lequel il est sous-entendu que le Droit existe, était précisément celui qui n'avait pas subi ce qu'enduraient les peuples qui en étaient exclus. Assujettir ces peuples, c'était se doter des marques d'une appartenance à cette civilisation qui donnait droit au Droit et permettait de rester hors d'atteinte des tyrannies pratiquées sur les ethnies désertées par la loi. L'Europe, instigatrice et protagoniste de ces persécutions, s'en estimait par là même épargnée. « Tout » n'était (n'y était) pas « possible ». Pas encore.

Tout le devint lorsque des Européens, sur leur continent même, non plus en la seule Europe orientale, mais dans ses pays les plus sophistiqués, les plus adeptes de l'émancipation, et d'abord en Allemagne, annihilèrent systématiquement le concept, les fonctions du Droit dont ils avaient la maîtrise ; les nazis livrant ainsi l'Europe au déchaînement sans limite de ses capacités à engendrer une horreur qui allait, cette fois repliée sur elle-même, axée sur des fantasmes obsessionnels, s'exaspérer encore et dépasser toutes les limites de l'horreur.

En leurs temps, Conquistadors et colonisateurs avaient pu présumer ne pas avoir affaire à des semblables, mais à de bizarres, d'inquiétantes créatures, ce qui du reste ne justifie en rien leurs atrocités guidées surtout par la rapacité, agitées par les jouissances de la curée.

Ici, dans l'Europe de cette première moitié du XXe siècle, la curée s'exerçait sur des hommes, des femmes, des enfants, des vieillards familiers, participant de la même civilisation, appartenant au même âge de l'Histoire, habitant les mêmes régions et qu'il fallait d'autant plus fanatiquement, plus radicalement, plus officiellement, plus assidûment diaboliser avant d'opérer sur eux. Il faudrait s'acharner à les rendre (ou plutôt les faire paraître) aussi dégradés qu'on les aurait décrits. À les martyriser, on obtiendrait cette déchéance sur laquelle on s'appuyait pour motiver leur martyr. Il s'agirait d'une barbarie réfléchie, livide et froide. Glacée. Sans autre but réel que celui de s'exercer.

Il fallait se persuader, persuader l'opinion que ces gens proches étaient d'une autre espèce et pour cela, sans fin, dans une poursuite en quelque sorte désespérée, il fallait fouailler, exciter toujours davantage la haine, inventer sans fin des outrages, intensifier la souffrance, les sévices et la jouissance blême des bourreaux pour obtenir en perpétuelle outrance cette dégradation des victimes qui semblait légitimer l'entreprise.

La naïveté, le simple lucre des conquérants tortionnaires ne jouaient plus comme aux siècles précédents : en leur place opérait la plus sinistre, la plus épaisse perversité. Il ne s'agissait plus des feux de l'action, ni de conquête de territoires, mais d'un objectif en soi, d'une tâche acharnée, permanente et gratuite, sans autre visée que le crime lui-même. Avec les premiers, l'objectif était de conquérir, de dépouiller, de s'approprier des terres et des biens et de jouir d'une toute-puissance sadique, non d'anéantir : exterminer était un moyen qui procurait en outre du plaisir. Pour les nazis ce fut le but. Il s'agissait pour eux d'une activité autonome, valable par elle-même, consciente. D'une obscénité inédite.

Ce qui contribua, le fléau accompli, révélé, à laisser hagards ses contemporains, ce fut peut-être, au sein des suppliciés juifs de toutes conditions, toutes provenances, tous âges, la présence d'un grand nombre des citoyens qui avaient semblé les plus conformes à la norme, les plus sécurisés. Ces notables familiers, conventionnels, ces modèles sociaux, membres souvent notoires de professions libérales, médecins, avocats, professeurs, écrivains, artistes, scientifiques et autres, respectés, reconnus, voire célèbres, tous perçus comme les emblèmes de la société, son élite, et qui faisaient partie des martyrs humiliés, avilis devenaient, eux, individuellement repérables.

Si, au cours des siècles, les victimes « exotiques », perçues comme un amalgame, avaient peu frappé l'imagination ou alors comme des hordes au stade animal, de cruels primitifs, des brutes arriérées, « des bêtes qui parlent », la proximité des victimes européennes, le rang, les fonctions tenues par certaines d'entre elles, permettaient de distinguer des sujets parmi l'ensemble anonyme, devenu une collection d'individus auxquels il était possible de s'identifier. Bien davantage que la mention du nombre inconcevable de victimes, cela menait à prendre conscience, à travers des personnes discernables, nommées, du crime perpétré sur chacune d'elles, non réduite à son rôle de victime. Il devenait possible de prendre la mesure (ou plutôt la démesure) des sévices pratiqués sur leur ensemble, dès lors perçus subjectivement. Du sens était offert au nombre, de la visibilité à la profanation.

L'identification possible aux martyrs, leur contiguïté, leur similarité reconnue une fois le délire dépassé, amenaient à se rendre compte de la réalité et de l'exacte, de l'indicible dimension du désastre. Elles conduisaient bien au constat que tout est « possible », que rien ne peut empêcher que tout soit permis, sinon (mais le percevait-on ?) un tissage très serré des lois et d'une opinion publique acérée, c'est-à-dire du politique (à ne pas confondre avec la politique).

L'existence de ce tissage exigeait l'examen permanent de toute propagande, chaque fois minutieusement repérée, le renoncement aux ruses de l'idéal comme au fantasme d'un paradis terrestre et, surtout, une vigilance sans répit, d'abord et modestement attentive à garantir le respect du respect et à prévenir ainsi les ravages du mépris, lequel est toujours à la source du pire. C'est cet instinct de mépris, cette capacité de manipuler symboliquement la présence, l'existence même de certains groupes humains et d'oser refuser toute valeur à leur substance même, d'oser les décréter gênants, superflus, d'ailleurs néfastes et funestes, qui a rendu « possible » ce comble de l'horreur perpétré par des Européens à même la famille européenne : une horreur tenant en fait de l'inceste, toutes lois, toutes limites abolies comme jamais.

Certes, au cours de l'Histoire, des Européens s'en étaient déjà pris à leurs congénères, certes des exactions, des massacres avaient souvent eu lieu en ces régions, exercés par leurs habitants sur leurs habitants. Mais, s'ils s'étaient maintes fois trouvés sur leur propre continent en rupture avec le Droit, c'était néanmoins sans quitter son domaine : conscients de cette violation, souvent prévue et tolérée (comme en cas de guerre), ils la savaient chaque fois ponctuelle et temporaire, due à quelque crise après laquelle, si cruelle, âpre, si hagarde fût-elle, on renouerait avec les principes du Droit.

Si, dans le cadre de l'Europe, les catégories les plus méprisées (démunis, vagabonds, certaines populations laborieuses) furent longtemps considérées comme des « classes dangereuses », si l'on voyait dans ces ensembles les plus vils exemples, les rebuts de la société, ils n'en représentaient pas moins une part de cette société. Ils n'étaient pas officiellement exclus de la loi, même si la loi, et c'était souvent l'une de ses caractéristiques, les défavorisait. Le Droit se trouvait parfois modifié (comme après des révolutions, des prises de pouvoir), mais jamais renié, jamais atteint dans son essence : demeuraient le désir impérieux, l'exigence, la nécessité absolue d'un Droit soutenu par des lois. Or, en régime nazi, c'étaient le rejet, l'abrogation du Droit qui réglementaient l'ordre même et tenaient lieu de loi. La loi ne servait plus le Droit, mais instaurait son abrogation.

Cette fois, la barbarie épousait, sur place, la civilisation européenne d'ordinaire tenue (à tort, on l'a vu) pour son opposée. Ce fut à même le noyau, la pulpe de la civilisation occidentale donnée pour emblématique, ce fut au sein des acquis d'une sophistication extrême qu'eut lieu la terreur concentrationnaire – cette traduction, au-delà du tragique, de l'un des fondements de la nature humaine.

La pensée, les élans, l'effervescence qui, de Bach à Cézanne, d'Héraclite à Proust, de Giotto à Hölderlin, de Shakespeare à Kafka, avaient imprégné les tentatives les plus avides de réel – celles issues des racines du doute, soit les plus sublimes – semblaient aboutir à la pornographie nazie, aux dogmes, mais aussi aux technologies dont cette dernière usait afin de faire définitivement barrage à toute autre version du monde que la sienne, à toute autre forme d'avenir, en Europe au moins.

Même la rationalité occidentale, si froide, si efficace et qui avait permis à l'Occident de l'emporter sur les modes de pensée d'autres civilisations, avait méthodiquement sous-tendu l'hallucinante dérive nazie. Mais s'était-il agi là d'une dérive ou de l'expression d'une barbarie velléitaire, sous-jacente à cette culture, à cette rationalité ? Cette bestialité n'existait-elle pas déjà, contenue, gérée, jamais manifestée sur place ? Ne demeurait-elle pas ainsi indiscernable, estompée par les tiédeurs tempérées d'une Europe masquée ? D'une Europe préservée par son narcissisme ardent et fécond, apte à la grâce de tout savoir absorber – le pire avec – pour tout muer en art. Une Europe par là adorable et diverse, innovatrice, créatrice permanente et consciente de l'être, spectatrice d'elle-même et jamais assouvie, jamais lasse de tenir en éveil, de combler tout en maintenant en suspens le désir, de jouir de la chair et de l'esprit du monde par elle dévoilés dans leur plénitude ou leurs putréfactions. Une Europe effervescente et grave, musicale, osant le doute, adroite à analyser la perversité, toujours avide d'explorer, au nom de l'incertitude, les arcanes de la connaissance, toujours inquiète d'équilibrer les excès.

Et pourtant, parallèles à cet équilibre et aux raffinements d'une vie policée, aux essors de la pensée, simultanés aux débats et aux conflits sociaux des Européens, à leurs scrupules, furent effectués au cours des derniers siècles, aux frais de ces belles âmes, de ces grands vertueux, sous leurs ordres et pour leur bénéfice, par leurs congénères et dans le monde entier, les crimes les plus brutaux, les plus patents, aux conséquences historiques ancrées dans la durée.

Au nom de leur suprématie, avec un sens inné de l'arrogance et la certitude d'une supériorité foncière justifiant leur prépotence universelle, les Occidentaux se sont donné le droit de décréter, sans états d'âme et telle une évidence, la non-importance de nombre de vivants estimés encombrants et la nullité infra-humaine de populations entières, voire leur nocivité présumée. Dès lors, spolier, opprimer, persécuter, assassiner sans limite ces masses allogènes considérées importunes et souvent funestes, devenait recevable, même nécessaire ou mieux : exigé. Un certain néo-darwinisme permettait, en outre, de considérer comme scientifiquement fatal que le fort ait raison du faible, que certaines « races » l'emportent naturellement sur d'autres et les détruisent. La litière était faite au nazisme.

Avait déjà été tenue pour un événement émérite l'irréversible usurpation européenne pratiquée sur les Amérindiens alors que la captation de leur terre représentait non pas une conquête, pas même une invasion, mais une mainmise brutale, meurtrière sur l'immense contrée. Et l'on avait trouvé si normale non pas l'éviction mais la disparition des habitants naturels de ces terres, leur extermination, qu'il ne fut pas question de juger ce phénomène, mais de le scotomiser. Lorsque le soupçon s'éveilla quant à la distribution des étiquettes décidant des Bons Européens et des Méchants Indiens, quand on commença à soupçonner ce que le récit officiel camouflait et qui apparaissait de plus en plus comme un crime, l'Histoire avait enseveli le passé, il n'en restait de trace que la légende à présent controuvée. Les faits étaient irrévocables. L'ethnocide accompli. Avait-t-on seulement remarqué le cataclysme ? Les Amérindiens sur la défensive, une défensive désespérée, ne passaient-ils pas récemment encore (souvenons-nous, entre autres, des films de « Peaux-Rouges ») pour des agresseurs criminels, des prédateurs (de leur propre bien), des perturbateurs meurtriers, cruels et rusés, à supprimer absolument ?

Y eut-il le moindre effet de scandale lorsque, les Indiens d'Amérique liquidés, les États-Unis déversèrent sur leurs terres ainsi débarrassées d'eux, une population noire capturée en Afrique et lui conférèrent un statut d'esclaves ? Même une fois l'esclavage aboli, on a vu pendant plus d'un siècle encore ces Noirs *légalement* traités en sous-hommes, persécutés comme tels, exclus et méprisés avec énergie dans le pays le plus moderne, défini comme le plus démocrate du monde. Quant à la question coloniale, qui regardait l'Europe jusqu'à la moitié du XXe siècle, elle ne fut pas même, ou si rarement, considérée comme une « question ». « La colonisation est le plus haut fait de l'Histoire », déclarait Paul Reynaud, ministre des Colonies, inaugurant l'Exposition coloniale en 1931[1].

Inaperçus, ces scandales étaient acceptés sans la moindre vergogne par un Occident décidément bien rodé, préparé à ne pas s'indigner ni même s'étonner outre mesure des crimes nazis et moins encore y réagir ! Le principe, le germe en étaient familier : les permissivités officielles du mépris, le concept d'une sous-humanité. *Le refus du respect.*

---

1. Aussi tard qu'en 1957 (soit neuf ans après la reconnaissance de l'État d'Israël), lorsque Albert Memmi, dans *Portrait du colonisé, Portrait du colonisateur*, avait constaté le fait que la colonisation allait vers sa fin, il avait fait scandale et Gallimard, son rééditeur de 1985, rappelait, dans un avant-propos, que Memmi passait alors pour « délirant, même à gauche ». L'auteur lui-même, impressionné par sa propre audace, affirmait dans cet ouvrage qu'il s'était senti « obligé » d'en venir à cette conclusion. « Qu'on m'entende bien : il ne s'agit nullement d'un *vœu* mais d'un *constat*. »

Cependant, une fois la guerre terminée, les nazis vaincus, le désastre flagrant étalé dans son abomination suffocante, ses crimes irrécusables, que fut-il fait pour comprendre (ne parlons pas de réparer) à part des cris d'indignation, une opinion un temps atterrée et la proclamation du « Plus jamais ça ! » ? L'antisémitisme fut-il politiquement analysé ? S'est-on questionné, pays par pays, puis toutes les nations ensemble, sur ce qui avait eu lieu au cours de cette guerre ou plutôt sur les réactions, sur l'opposition spécifiques, officielles, qui n'avaient *pas* eu lieu ? Sur cette abstention peut-être plus terrifiante encore que l'horreur même, elle exceptionnelle d'être aussi monstrueuse. Cet aveuglement, ou plutôt cette démission, cet évitement proches de la collusion furent-ils seulement décelés ? Non. Ils se prolongeaient, au contraire, au point qu'au procès de Nuremberg les crimes antisémites en tant que tels ne furent pas mentionnés. Non plus qu'au procès du maréchal Pétain.

Qu'advint-il *aussitôt*, à l'instant du choc, celui de la première apparition des documents relatifs aux camps de concentration, à leurs pratiques innommables, au génocide ? On tenta d'exorciser le désastre superficiellement et à la hâte, à coups de points d'exclamation, mais que fut-il entrepris pour en repérer les racines aux fins d'éradiquer le phénomène à sa base ? Rien. On se réfugia dans le repli, dans un survol auquel participèrent les survivants harassés, hors texte, méconnus en un monde pour eux défiguré, où l'épuisement, la douleur, la mémoire horrifiée et, parfois, la prudence les poussaient à se faire oublier.

La vie devait reprendre telle qu'auparavant, comme s'il ne s'était rien passé, sinon la plus banale des guerres. De toutes parts, et pour des raisons souvent opposées, on fuyait ceux qui dévoilaient les potentialités funestes, jusque-là camouflées, de ce monde inavouable qui s'était avéré si réel et dont la mémoire demeurait incontournable, insoutenable. Les faits les plus répulsifs avaient été exposés, enregistrés, qu'on le veuille ou non ; des aires opaques et livides étaient apparues, à faire vaciller toutes les âmes de la terre. Désormais il ne faudrait plus dire : « L'homme est un loup pour l'homme », mais bien pire : « L'homme est un homme pour l'homme. »

On s'indigna du génocide, sans s'y attarder toutefois, sans en affronter les énigmes, moins encore les sources. D'ailleurs à quoi bon puisque, c'était juré, cela ne se répéterait pas : « ils » ne recommenceraient plus, les autres, les nazis – des êtres d'évidence d'une espèce différente. On ne leur permettrait certes pas de récidiver : « Plus jamais ça ! » Décrétée interdite à toute comparaison, l'horreur de l'ère nazie était donc considérée inapte à se reproduire autrement qu'identique à elle-même, une éventualité impossible puisqu'elle avait disparu avec Hitler, ses consorts, son régime. On pouvait ainsi passer à autre chose. On y parvint très bientôt.

On ne songea guère, on se garda bien de songer que, si les nazis avaient pu créer en Allemagne, comme en Europe occupée, avec partout des acolytes, ces espaces de honte, cette hideur sans fond, c'est qu'ils avaient pu, au cours des années 30 et pendant la guerre menée contre eux (mais sous d'autres prétextes), parcourir en toute quiétude les chemins du racisme qui y conduisaient, calamiteux d'un bout à l'autre. Ils avaient pu transgresser sans opposition tous les interdits. La résistance à ces ignominies avait émané d'individus, de groupes non officiels, forcément réduits et clandestins, d'une valeur incommensurable, mais composés d'un nombre restreint d'hommes et de femmes rares, voués et prêts à des périls illimités.

Certes, les Alliés, leurs gouvernements, avaient estimé regrettables, critiquables les voies de l'hécatombe, mais pas assez pour s'exposer en temps de paix à des impairs diplomatiques, moins encore pour incommoder, durant la guerre, une opinion publique supposée d'emblée antisémite, mais que les États-Unis, entre autres, ne songèrent pas à évaluer sérieusement ni à mettre en question. Elle fut acceptée telle quelle ou, du moins, telle que le gouvernement la préjugeait. Telle que la laissaient supposer ces associations racistes de vétérans et autres groupes bruyants auxquels nulle autorité ne se confronta et auxquels ne furent pas opposés d'arguments, mais dont on respecta au contraire l'influence présumée dominante au sein d'un peuple cependant épris de liberté.

Jamais la propagande américaine, si efficace et qui, à juste titre, s'employait alors à persuader le public du bien-fondé de l'entrée en guerre des États-Unis contre l'Allemagne, puis à susciter un enthousiasme patriotique une fois le pays effectivement en guerre, jamais cette propagande ne tenta de combattre, de contrecarrer, ni même de mesurer vraiment l'antisémitisme local ambiant, tenu pour inné et avec lequel on préféra ruser. Pourtant, même s'il était tel que les dirigeants se le représentaient, nous ne l'avons pas moins vu céder d'instinct, spontanément, en 1942, face aux informations provenues d'Europe et révélant les déportations, les sévices et les meurtres massifs. Nous avons vu comment, aussitôt, l'indignation du public avait fait réagir le gouvernement anglais et, par là, poussé le président Roosevelt à prétendre en faire au moins autant.

En avril 1945, atterré par la vision du camp de Buchenwald que les Américains venaient de libérer, le général Eisenhower donna l'ordre à ses troupes de s'y rendre et d'en découvrir l'horreur : « On nous dit que le soldat américain ne sait pas pourquoi il se bat; maintenant, il saura au moins contre quoi il se bat. » Ces soldats et leur peuple auraient pu le savoir bien plus tôt si ces informations n'avaient été étouffées ou imprécises, pour ne pas dire censurées. Si l'on s'était battu essentiellement, ouvertement en tout cas, contre de tels faits et s'il n'avait pas été jugé défavorable de l'« avouer ».

Dwight Eisenhower avait éprouvé là, déclara-t-il, le plus grand choc de sa vie, comme ses soldats sans doute et comme le public, maintenant informés. Mais ces effets de choc s'estompèrent une fois dissipée la stupeur suscitée par la découverte concrète des camps, de leurs cadavres et de leurs survivants : une fois l'émotion figée, l'indignation tombée en sommeil, ces points-là furent passés sous silence. Il en fut après comme pendant la

Seconde Guerre mondiale : on se complut dans l'indifférence ou, mieux, dans l'esquive. Une volonté commune, jamais énoncée, portait à escamoter l'impensable, tandis que s'établissait une attitude générale opposant une exaspération immédiate à la mémoire des camps pourtant chaque fois si tremblante, hésitante, à court d'expression pour se traduire, défaillant au seuil de réminiscences inabordables. Une indignation due non pas aux atrocités révélées, mais à la décision quasi unanime, devenue réflexe, d'éviter cette part effondrée du réel et d'exhiber un sentiment d'accablante saturation à la seule mention d'un désastre bientôt décrété obsolète, pour ne pas dire périmé.

« Non ! Pas encore ! Assez ! Pas ça ! », entendait-on (on l'entend encore), le sujet à peine effleuré, alors qu'en vérité rien n'avait été dit – si peu le fut – de ce qui demeurait et demeure une énigme, en effet insoutenable. « Assez ! Pas de cette complaisance ! Pas de ce masochisme ! Nous n'en pouvons plus. Silence ! » Leitmotiv. Mais la substance même du drame, ce qui lui avait permis d'exister, ce racisme dont on ne voulait plus entendre mentionner les conséquences sévissait encore, fût-ce sur un mode des plus mineurs – celui-là même qui avait engendré le pire.

Nul ne pouvait plus ignorer jusqu'où l'aval d'un antisémitisme banal peut mener, mais on préférait refouler ce savoir et s'épuiser davantage à écarter tout indice impliquant l'horreur passée, à se fermer à toute évocation, qu'à les prendre en compte afin de s'opposer à sa source à toute velléité de réitération, fût-ce la plus ténue, la plus frêle et sous toutes ses formes possibles, contre quelque population que ce soit.

Puissamment édulcoré, pasteurisé, le rejet des juifs (aux frontières, par exemple) se poursuivait, le repli face à eux, la sottise menant à les considérer autres en leur substance même. Mais l'antisémitisme n'était plus qu'un épiphénomène au sein d'un racisme plus général qui régnait officiel, entériné, ancré dans le colonialisme, les apartheids et autres discriminations qui avaient force de loi et que le déni de l'horreur nazie ne semblait pourtant pas ébranler. Mieux que toléré, le colonialisme était encore recommandé, célébré. Le passé immédiat, le génocide des Européens juifs, n'était pas perçu comme un événement d'ordre universel, mais comme une compilation de faits divers abominables, localisés, dus à une secte monstrueuse. La secte nazie disparue, on pouvait oublier, du moins s'y appliquer énergiquement.

On a dit des survivants qu'ils ne voulaient pas parler. C'est qu'ils ne trouvaient pas d'auditoire, ou alors réticent. Trop savants quant à la nature humaine, nulle part ils ne furent écoutés. On sait comme le cauchemar fait par Primo Levi à Auschwitz correspondit à la réalité lorsqu'à son retour, comme dans son rêve, il tenta de dire l'indicible au sein d'une surdité générale[1].

Mais peut-être, au contraire, entendait-on trop bien cette mémoire d'un enfer et peut-être éprouvait-on un

---

1. On sait aussi que *Si c'est un homme* ne rencontra le succès que dix-sept ans après sa parution.

certain trouble à se découvrir capable d'assimiler les récits de telles aberrations. Peut-être l'approche de l'inabordable se révélait-elle trop aisée, celle de funèbres capacités humaines jusque-là impensables, surtout en cette partie du monde, la plus sophistiquée, en cette Europe exemplaire, source de *la* civilisation. Au terme du délire, on n'était pas aussi imperméables qu'il eût été rassurant à cette barbarie si proche encore dans le temps, qui s'était déroulée dans un espace si familier. On n'était pas aussi cadenassés, verrouillés devant l'irrecevable, qu'il eût été bon. Pas assez interdits devant l'interdit ! Vertige ! Pas assez scellés, pas assez immunes. Danger ! Ne pas écouter. Mutisme. Mais le silence ne se taisait pas, il ne se tait jamais. Il retenait le pire comme pour le sauvegarder.

Un signe : les familles de déportés juifs, lorsqu'elles n'étaient pas elles-mêmes anéanties, n'ont jamais reçu individuellement la moindre expression de regret de la part de leurs gouvernements respectifs, aucun message non plus attestant d'efforts pour retrouver la trace de ceux – la plupart – dont on ignorait s'ils étaient morts ou vivants, s'ils existaient encore, ce qui ajoutait à la détresse celle de l'incertitude, d'un espoir cruel auquel nulle annonce ne mettrait fin.

Aucune annonce, aucune information entérinant, homologuant plus tard l'assassinat. Aucunes condoléances officielles, et d'ailleurs aucune autre, puisque le jour, l'heure où cesser d'espérer, où estimer mort chacun de ces morts n'étaient jamais décrétés. (Seul l'était le délai à partir duquel des notaires éventuels pouvaient éventuellement ouvrir une succession.) Il n'y eut aucun signe précis autorisant le deuil. Nulle voix officielle pour dire : « Vous pouvez pleurer. » Contrairement à l'opinion générale, le fond de la déploration ne fut jamais atteint. Les familles des déportés exterminés ont ignoré, le plus souvent, la date de la mort de leurs morts ou toute autre précision; seule émanait une notion d'horreur. Mais aucun geste n'a été fait, fût-ce le plus banal, le plus primaire, pour réinsérer ces morts et leurs familles dans le tissu social par une reconnaissance, une notification étatique, individuelle de chaque cas. Pas de message à chaque famille et faisant part au moins, à défaut d'excuses, de regrets. Aucun signe de la part des États, au moins responsables de ne les avoir pas protégés. Il n'y a pas eu d'anniversaires, de tombes, de réunions. Il n'y a pas eu de deuil, mais des jours indécidables, qui allaient parfois se propager tels quels le long de vies entières. Le vague, le vide, le néant à l'état brut. L'étrangeté. L'horreur. Et la négligence, l'abandon, la distance même après la fin.

Une carence de respect. Acceptée. Pas même perçue. Et de toutes parts, malgré des discours très généraux, bientôt le refoulement et, malgré ce refoulement imposant le silence, des effets de saturation, d'irritation agacée au moindre effet de mémoire, aux moindres consonnes, aux moindres voyelles risquant de conduire à la réalité. Et, des années durant, tous les mutismes encouragés. Simone Veil a pu dire à quel point elle avait eu l'impression d'ennuyer, de déranger lorsque, de retour des camps, elle tentait d'en parler. « Nous avons eu l'impression que nos vies ne comptaient pas, alors qu'il y avait pourtant si peu de survivants. » La vie reprenait, mais avec quelles réponses à des questions qui n'étaient pas posées ?

On sait mieux aujourd'hui à quel point la parole est nécessaire au temps des crises, et surtout après, cette parole qui fut alors jugulée. À quel point politiquement aussi, politiquement surtout, le constat est essentiel à partir de quoi procéder. À quel point le refoulé altère l'Histoire, en fait dévier la suite, la corrompt plus que ne le ferait ce qui est évité. Mais tenait-on tellement à constater l'irruption des corps dans le fantasme raciste ? Des corps morts. De la réalité.

Peut-être, aussi, certains préféraient-ils ne pas se priver des ressources faciles et sommaires du racisme, de ses hiérarchies, de sa morgue, toutes à l'origine de sentiments de puissance, de repères (spécieux) d'identité, de prétextes à exclure et à se délecter aussi d'une obsession qui nourrissait tant d'instincts de domination et qui absorbait tant de rancœurs. La persistance très émoussée de ces routines paraissait innocente en regard du cataclysme qu'elles avaient engendré, mais qui avait pris fin. Comme toujours en aval d'un événement historique, protagonistes et témoins demeuraient dans l'ensemble les mêmes, peu de métamorphoses, quelques changements de casting. Mais c'étaient sensiblement les mêmes individus que continuait de véhiculer l'Histoire, une Histoire au cours modifié. Cette Histoire qui passe et se poursuit, quand les foules demeurent.

Violences antisémites, agressivités spectaculaires furent évitées et d'ailleurs réprimées après la Seconde Guerre mondiale. Le phénomène avait-il cependant disparu ou, peu perceptible à présent, amorti, ouaté, silencieux ou chuchoté, classique et latent, coutumier en somme, était-il tenu pour anodin ? Voisin, après tout, du racisme institutionnel, estimé pour des années encore de bon sens et de bon aloi. Racisme colonial, politiquement institué, traditionnel, dont les tenants (soit à peu près toute la population occidentale, juifs inclus) avaient bonne conscience, persuadés, lorsqu'il s'agissait de territoires et de populations d'outre-mer, de détenir la lumineuse, l'unique vérité, confortée par les mœurs courantes, les lois, la soumission indigène, les chimères caritatives, cette « mission civilisatrice » estimée exemplaire. Au sein de cette complaisance, le « sentiment » antisémite circulait encore, duquel on se détournait avec indulgence, au point de n'en faire aucun cas s'il demeurait discret. Il semblait avéré que tout au fond, aux racines du phénomène, stagnait cet instinct indélébile, inviolable et si répandu, naturel en un mot et, après tout, licite. Un tic innocent.

C'est précisément ce « sentiment », ce tic, qu'il eût fallu extirper de l'ombre, arracher à la routine, exposer, livrer à une analyse intraitable. Sous le choc, à chaud, n'était-ce pas l'instant de se confronter au passé encore adjacent, de porter un regard politique sur la tragédie récente, de la scruter sans soupirs, avec exactitude et d'en faire le constat ? De découvrir qu'il n'est pas de racisme banal, insignifiant : chacune de ses manifestations, même bénigne, est tangente au crime et l'appelle. Chacune avalise toutes les autres.

On ne le découvrit pas. La vie d'une époque étant rarement synchrone à l'Histoire, aux symboles de ses dates, l'abrogation du nazisme ne signifia pas celle du racisme classique et machinal, qui régnait toujours, si banal et répandu qu'il paraissait d'essence naturelle et n'était pas même débattu, mais s'étalait sans encombre. L'ère nazie supprimée, ses excès ayant pris fin, il semblait prouvé que l'on n'était pas de ceux qui en étaient capables et l'on estimait vivre sur un territoire désormais immunisé, vacciné, où rien de sérieusement raciste ne pouvait plus avoir lieu, où toute absence d'excès était une caution en soi. Où, par ailleurs, tout ce qui n'était pas d'ordre antisémite semblait exonéré de suspicion.

Étaient cependant acceptés, entérinés sans problème, la domination coloniale et des apartheids divers, donnés pour sages et incontournables. Pour citoyens. Nombre de peuples se trouvaient officiellement assujettis, livrés aux grandes nations. Le colonialisme faisait partie du décor et même le constituait dans les pays qui y étaient soumis ; les démocraties privilégiaient son idéologie, les socialistes y souscrivaient. Et les femmes acceptaient partout, sans mot dire, un statut inférieur. Les hiérarchies arbitraires battaient toujours leur plein.

Dans ce contexte, en ces temps coloniaux, faut-il s'étonner s'il parut naturel aux Nations unies d'estimer disponible une terre où vivaient des Arabes tenus pour subalternes ? Quoi de plus simple, de plus naturel pour les nations dominantes, que d'octroyer ces terres peuplées de méprisés à d'autres méprisés ? Qu'ils se débrouillent entre eux. Et s'ils se battent, qu'importe ! On les regarderait faire avec intérêt, comme on assistait en certains lieux aux combats de femmes nues luttant dans la boue, entre elles. Les grandes nations joueraient les médiatrices. Israël aurait un avantage car faisant partie, mais en marge, du club occidental auquel il servirait d'antenne dans la région. Quant aux remords, aux culpabilités et même à l'aversion relatifs aux juifs, on allait s'en défaire tout en se débarrassant à l'amiable de ceux qui les causaient.

Ainsi, pour les nations prépondérantes, en 1948, presque aussitôt après la guerre, il n'y a pas soixante ans, il paraissait tout à fait conforme aux mœurs politiques de disposer de terres occupées par une population jugée colonisable par nature, et de s'adjuger sans problème le droit de les distribuer. Ici, d'allouer une part des terres arabes au désir, à la volonté sioniste, soit à ceux d'Européens juifs sacrifiés par l'Europe et décidés à faire de la Palestine, uniquement définie comme leur patrie ancestrale, un refuge et leur propre État : « Nous ferons de la Palestine, annonçaient-ils, un pays aussi juif que l'Angleterre est anglaise. »

La dette insurmontable, dont les Occidentaux seuls étaient les débiteurs, paraîtrait ainsi réduite aux dépens d'une population tout à fait étrangère à ce qui fondait cette dette – une population jugée négligeable d'Arabes jusque-là sous le joug de puissances diverses, en dernier lieu sous mandat britannique, et, qui plus est, des Arabes pauvres.

Ce geste des Nations unies reconnaissant l'État d'Israël visait à démontrer que l'Occident avait compris les leçons de la guerre, que les juifs étaient à présent reconnus et que l'on s'employait activement, désormais, à les aimer et les souhaiter... mais ailleurs. En Palestine.

Une aubaine pour l'Occident de pouvoir faire acte de repentir par le biais de tiers, de pouvoir délivrer et sa conscience et ses territoires à la fois d'une malheureuse affaire et d'immigrés indésirables – tout en prenant (ou plutôt en gardant) pied à travers eux en territoire proche-oriental. Ainsi créé, l'État d'Israël aurait pour rôle essentiel aux yeux de l'Occident de devenir pour les juifs un refuge, dont la moindre logique, la moindre éthique, eût voulu *qu'ils n'en n'aient plus besoin !*

On l'a vu, ce n'était pas le cas. Si l'antisémitisme nazi était en principe abhorré, des juifs qui y avaient survécu et qui cherchaient asile n'en avaient pas moins été tenus à l'écart. Des juifs pauvres, on l'a compris, du moins sans grands moyens. Entre autres, les centaines de milliers d'entre eux dont il est question plus haut, libérés des camps de concentration nazis, mais stagnant ensuite à nouveau des années durant, dans des camps, parfois les mêmes, en Allemagne ou en Autriche. Repoussés partout ailleurs. Irrecevables dans ces pays arrogants qui se disaient démocrates : aucun d'eux pour assumer leur accueil, pour abriter leur désarroi, au contraire ; nous avons vu les quotas, entre autres, demeurer tels qu'auparavant. On n'oserait pas l'inventer !

Xénophobie ? Antisémitisme ? Les deux, sans doute. S'y ajoutait la crainte de voir s'établir chez soi, en nombre, les représentants emblématiques d'atrocités que, faute de pouvoir ignorer, on travaillait à oublier, tandis que s'éveillait un ressentiment sourd à l'encontre de ceux qui, les ayant subies, en devenaient la trace. Ironie ! Cela se révéla tout aussi vrai en Israël. Les juifs survivants des camps européens, les rescapés du nazisme, furent dès leur arrivée mal accueillis dans la nation nouvelle, en principe leur. Alors que leur malheur avait pourtant joué un rôle déterminant dans la décision des Nations unies de reconnaître l'État d'Israël, ils se virent violemment méprisés, en raison même de ce malheur, par les sionistes israéliens. Pour ces derniers, Israël n'avait pas vocation de refuge mais celle d'une patrie retrouvée, revendiquée comme un dû immémorial. L'existence d'*Eretz Israël* (soit : la terre d'Israël) garantissait à leurs yeux le signe que c'en serait fini des juifs victimes et passifs, toujours subissant. À ce cliché ils opposaient l'image d'une garde résolue, laborieuse, intransigeante, volontiers agressive, voire belliqueuse, qui entendait mettre un point final aux routines funestes qui avaient jalonné l'Histoire des juifs en Europe. Pour cela, ils avaient renoncé à leur place en cette Europe sans demander vengeance, ni même une revanche sur les tragédies des leurs : seule importait la création de leur État. Une page était tournée. Ils se voulaient pugnaces, énergiques, inébranlables, travailleurs acharnés, qui, de la tragédie européenne, ne déduisaient que leur propre refus de jamais plus tenir le rôle du faible, du souffre-douleur, à quoi ils réduisaient les martyrs du nazisme, reprochant aux survivants comme aux exterminés de n'avoir pas combattu les armes à la main contre leurs tortionnaires. Reproche fondé, nous l'avons vu plus haut, sur une erreur absolue, historique autant qu'humaine, une méprise politique, un défaut de compassion, ou plutôt d'entendement atteignant à une absence totale de réalisme.

Face aux sionistes, à ces pionniers qui se voulaient des « hommes nouveaux » et qui voyaient leur utopie, celle d'une patrie israélienne, devenue réalité, les rescapés des camps et de l'Europe nazis arrivaient réels, épuisés, exténués, sans doute encore hagards, déphasés, le plus souvent contraints et, dans ce pays qui se voulait neuf, leur seule présence, si muette fût-elle, racontait une vieille histoire inhumaine, celle-là même que ces innovateurs désiraient évincer et envers laquelle ils étaient tant injustes car elle rejoignait leur mémoire personnelle, qu'ils voulaient dépassée. Une histoire qui impliquait aussi leur impuissance durant toute la guerre, voire leur indifférence, et qui exaspérait une masse de remords. Qu'avaient-ils entrepris depuis la Palestine ? Quel lien avait encore existé avec les victimes du nazisme ? « Si seulement vous nous aviez envoyé un messager... », regrettaient les juifs d'Europe et, Haïm Gouri, écrivain et cinéaste israélien, rappelait qu'ils avaient alors eu « besoin d'un seul homme qui leur apporte une parole venue de la Terre d'Israël. D'un homme seulement et il n'est pas venu ».

Au fond de leur cœur, bien des sionistes avaient donné priorité à la création de l'État d'Israël sur le sauvetage (d'ailleurs sans doute impossible) des Européens juifs. David Ben Gourion[1] n'avait-il pas déclaré en 1942 : « Le désastre qu'affronte le judaïsme européen n'est pas mon affaire » et, en 1950, rappelant cette époque, n'avait-il pas avoué comme une « faute », le fait qu'alors président de l'Agence juive, « la mobilisation du peuple juif pour la constitution d'un État (avait été) au cœur de (son) action » ?

N'avait-il, au cours de la Seconde Guerre mondiale, protesté : « Il y a des Juifs aussi en Palestine », à propos d'une éventuelle (et d'ailleurs utopique) possibilité d'empêcher en Europe la déportation d'enfants juifs dont il jugeait l'intégration en Israël trop onéreuse ? Mais surtout n'avait-il pas affirmé que devant le choix de sauver un millier d'enfants juifs en les envoyant en Angleterre ou seulement la moitié d'entre eux en les envoyant en Palestine, il opterait pour le sauvetage de la moitié seulement, mais en favorisant *Eretz Israël* : « Si je savais possible de sauver tous les enfants juifs d'Allemagne en les installant en Angleterre, ou juste leur moitié en les installant en Palestine, je choisirais quand même cette deuxième solution. » Sans commentaire.

On eût imaginé les survivants des camps entourés de respect, d'une volonté d'au moins tenter de compenser l'horreur qu'ils avaient traversée, d'atténuer leur malheur intime incommensurable et de célébrer le noir miracle de

1. Leader sioniste, ce fut lui qui proclama l'établissement de l'État d'Israël en 1948. Il en fut le président de 1948 à 1953 et de 1955 à 1963.

leur présence, mais il n'en fut rien. Ils passèrent pour des faibles, voire des lâches, indignes du nouveau projet musclé. En 1940 déjà, Moshe Sharett[1], se plaignant de l'admission d'un « matériel humain » indésirable, à propos de réfugiés juifs d'Europe parvenus légalement ou non en Palestine malgré le veto britannique, déplorait l'absence de tri entre les « bons » et la « racaille ». Il est vrai qu'avant la guerre, tout au début de l'ère nazie, des sionistes soutenus par le mandat britannique sur la Palestine avaient pu négocier avec le Troisième Reich : autorisés à soustraire des camps un certain nombre de juifs, ils avaient alors dépêché, selon Hannah Arendt, des émissaires chargés de sélectionner eux-mêmes « de jeunes pionniers juifs » parmi les juifs internés. En 1943 encore, Itzhak Gruenbaum n'estimait-il pas préférable de sauver 10 000 juifs choisis en fonction de leur aptitude à édifier l'État d'Israël, plutôt qu'un million d'entre eux, qui risqueraient de se révéler « un fardeau ou au mieux un poids mort » ? Une précision : Gruenbaum, l'un des responsables de l'Agence juive, était chargé par David Ben Gourion... du sauvetage des juifs européens !

La guerre achevée, les rescapés d'Auschwitz et autres camps furent considérés comme un « matériel humain » décidément inadéquat et se virent bientôt désignés comme « le reste », voire comme des « déchets » : « Ces gens sont devenus des déchets », osait déclarer Gruenbaum.

1. Alors directeur du département politique de l'Agence juive, Moshe Sharett (à l'origine Shertok) deviendra ministre des Affaires étrangères en 1948 et Premier ministre en 1953.

Leur péché initial ? N'avoir pas émigré plus tôt en Palestine où le sionisme avait été en un tel et cruel manque d'effectifs[1]. À l'arrivée au pouvoir des nazis, Ben Gourion avait espéré une période de « force fertile » pour le sionisme et l'arrivée en masse et immédiate d'immigrés provenant d'Allemagne – cela ne s'était pas produit. Pire, cette expectative avait été définitivement déçue par le génocide nazi : « Il n'y aura plus personne pour construire le pays. » Et voici qu'arrivait ce « reste » estimé déchu par l'opinion officielle et publique. « Ils n'ont pas voulu nous écouter, insistait Ben Gourion, et maintenant avec leurs morts ils ont saboté le rêve sioniste. »

Où étaient les vaillants pionniers longtemps espérés ? Arrivés, lourds de l'hostilité, de l'indifférence mondiales, à bout de ces forces indescriptibles employées à demeurer des vivants, ils se découvraient déshonorés aux yeux des juifs de Palestine (eux demeurés à l'abri), tels des immigrants suscitant la honte de ces hommes, de ces

1. En 1997 encore, à la question de Robert Littell : « Avez-vous conçu le moindre doute sur l'héroïsme et la dignité des Juifs qui se sont fait massacrer stoïquement ? », Shimon Peres répondait : « Nous n'avons pas été d'accord sur leur façon de vivre, aussi n'avons-nous pas été en accord avec leur façon de mourir. Nous ne voulions pas qu'ils restent dans la Diaspora » (Robert Littell, *Conversation avec Shimon Peres,* Paris, Denoël, 1997). L'ancien Premier ministre n'est « pas d'accord » avec la « façon » de mourir des juifs assassinés, comme s'ils l'avaient choisie. Il se permet de désapprouver leur « façon de mourir » plutôt que la façon dont on les faisait mourir, mais il s'indigne avant tout de « leur façon de vivre » avant leur extermination. Négligeant le nazisme, l'ancien Premier ministre s'en prend froidement aux juifs indociles à sa propre volonté, à celle du sionisme. Il n'est décidément pas content d'eux. Son blâme ne vise pas l'horreur qui leur fut infligée, la mort qu'ils durent subir, le régime qui les suppliciait, mais « leur façon de vivre » antérieure à leur extermination. Ce qu'il réprouve, jusqu'à ses derniers et déchirants instants, c'est la vie de ces juifs, décidément peu convenables. Le génocide n'est-il pas considéré ici dans la logique d'une punition ?

femmes déjà sur place, qui se revendiquaient « nouveaux » et pour qui la Diaspora représentait une déchéance et réclamait une rédemption – ce qui, d'une certaine façon, avalisait étrangement l'opprobre instauré par le nazisme à l'endroit de ses proies. En 1961, cependant, le procès Eichmann, les témoignages des survivants des camps firent prendre conscience aux Israéliens de ce passé, hélas réel. Haïm Gouri, qui couvrait en tant que journaliste le procès, écrivait alors, bouleversé : « Nous devons demander pardon au nombre incommensurable de personnes que nous avons jugées dans nos cœurs, nous qui avons été en dehors. Nous les avons jugées sans nous demander si nous en avions le droit. »

Considérer les cibles du régime hitlérien comme déchues, déshonorées en raison même de leur persécution, c'était céder au dogme de la loi du plus fort, celle qui avait si longtemps harcelé, meurtri, assassiné les juifs sans jamais parvenir à les faire renoncer à se sentir vivants. C'était oublier que le martyre de ces juifs de la Diaspora, la dette qui en découlait, avaient servi d'arguments essentiels, efficaces, pour obtenir des Nations unies la création de l'État d'Israël. C'était surtout oublier comment, jusqu'en 1948, les sionistes eux-mêmes avaient dû, dans un climat pourtant sans comparaison moins tragique et brutal qu'en territoire nazi, se soumettre à l'autorité du mandat britannique sur la Palestine, en cours depuis 1922.

C'était oublier qu'en 1939, alors que le calvaire des juifs en Allemagne, puis en Autriche, était déchaîné depuis six ans et qu'avait été clamée par Hitler la menace d'exterminer tous les Européens juifs, à l'heure où la situation de ces juifs était désespérée, où pratiquement toutes les frontières du monde leur étaient fermées, les sionistes de Palestine s'étaient vu obligés, forcés de se plier aux décrets du *Livre Blanc* publié cette année-là en Angleterre. Décrets qui limitaient à 75 000 immigrants juifs l'entrée en Palestine pour les cinq années à venir, lesquelles deviendraient précisément celles de la guerre et du génocide. Ajoutons que, du maigre nombre d'immigrants autorisés, étaient bannis, en tant qu'espions potentiels, tous les ressortissants des pays ennemis des Alliés, soit exactement ceux qui vivaient (et agonisaient) sous le joug nazi, lequel allait bientôt s'étendre à presque toute l'Europe.

Ces mesures britanniques répondaient à une logique. L'inquiétude, le refus arabes grandissaient et se manifestaient depuis la fin du XIXe siècle contre l'établissement stratégique, et qui n'était plus guère discret, d'un nombre croissant d'immigrés juifs et de terres achetées, occupées par ceux qui, nous l'avons vu, ne se cachaient pas de vouloir faire de la Palestine « un pays aussi juif que l'Angleterre est anglaise ». Les pays arabes risquaient de se dresser en pleine guerre contre de nouvelles immigrations massives et de créer des événements obligeant les Alliés à se distraire des opérations en cours pour intervenir au Proche et au Moyen-Orient. L'argument tenait. Mais, hors sa portée symbolique, la restriction d'accueil en des territoires si étroits n'aurait pas dû avoir grande importance et n'en aurait pas eu si la clôture des frontières n'avait été générale. Celle de la Palestine soulignait le fait qu'il n'existait pour les juifs aucune issue ailleurs, qu'il n'y en avait tout simplement aucune au monde, que le rejet était général, féroce de la part des pays sous domination nazie, paisible dans les autres pays occidentaux, et partout intraitable.

Tout au long des cinq années – celles de la guerre et du génocide – face à l'expansion nazie, aux crimes hitlériens alors à leur comble et bientôt révélés, face au blocage de toutes les frontières, les sionistes de Palestine demeureraient subordonnés à cette juridiction britannique coercitive, à la puissance anglaise, à leurs mesures dont ils ne pourraient se dégager. Empêchée, la Palestine ne jouerait pas de rôle salvateur ; elle serait pour les juifs d'Europe un pays comme les autres : verrouillé.

Toutes les nations, décidément, se refusaient à ces parias universels dont, à la fin de la guerre, les survivants n'eurent certes plus la force de lutter afin de défendre, de démontrer la légitimité de leur survie, de leurs droits, alors que même en Israël, en un pays créé, offert pour leur appartenir, l'accueil, après tout obligatoire, était des plus réticents, le plus souvent même hostile. Même ici, dans une patrie juive où, par définition, les frontières ne pouvaient plus leur être désormais fermées, on se refusait à une solidarité qui, partout en démocratie, aurait dû aller de soi. Mais ne pas oublier que ces réflexes répondaient aussi à l'adage universel : « Selon que vous serez puissant ou misérable... » Il ne s'agissait pas ici de puissants : de naufragés seulement.

Pour les sionistes, rien n'excusait plus les naufrages; leurs élans, leurs choix allaient aux battants, aux vainqueurs dont ils voulaient être et non au drame de leurs congénères, drame qu'ils avaient utilisé pourtant.

Hannah Arendt, d'ordinaire si exacte et visionnaire à la fois, semble participer de cette vision lorsqu'en 1950 elle décrit les sionistes comme « une génération de Juifs européens qui essayent d'effacer l'humiliation des boucheries de Hitler par la nouvelle dignité que leur confèrent le combat et les victoires triomphales[1] ». Des victoires sur les Arabes, s'entend. Or, en quoi des combats avec des Arabes, en quoi des « victoires triomphales » obtenues sur eux effaçaient-ils le moins du monde les agressions nazies subies en Europe, pratiquées par des Européens, eux-mêmes entourés par l'indifférence, voire l'indulgence tacite de tout l'Occident ? À quoi Hannah Arendt fait-elle appel ici ? À rouler des mécaniques ? À reporter sur des populations arabes le contentieux européen ? À démontrer au moyen de combats menés ailleurs, après coup et contre d'autres, une capacité à se venger de Hitler et de ses humiliations alors qu'il était mort et qu'elles n'avaient plus lieu ? À orner de morceaux de bravoure ce départ hors d'une Europe à laquelle il n'avait pas été demandé de comptes ?

Quelle dignité ces survivants avaient-ils donc perdue, qu'il leur fallait retrouver ? Quelle revanche prenaient-ils

---

1. À remarquer que le mot « boucherie » est impropre ici. Le génocide des juifs par les nazis fut rarement « sanglant » : l'extermination par le gaz, la faim, l'épuisement au travail, les tortures, ne faisaient pas, en général, apparaître le sang.

sur quelle humiliation ? Être une victime ne confère pas la qualité de héros, mais pas davantage celle d'un vaincu privé de dignité. Avoir acquis, à son corps défendant, la connaissance d'une douleur outrepassant l'extrême, avoir traversé des enfers imprévus par toutes les définitions de l'enfer, avoir été affronté à une destruction intégrale, confère une certaine sorte de dignité, une forme de savoir et mérite au moins le respect.

Mais surtout, l'humiliation revenait-elle aux victimes de ces « boucheries » auxquelles on reprochait de ne pas s'être battues, de n'avoir pu se battre « les armes à la main » (quelles armes ?) ou bien à ceux qui les perpétraient et à ces populations enthousiastes ou indifférentes qui les avaient alors encouragées ou permises ? À ces dernières, les juifs de Palestine ne réclamaient rien, ni aux gouvernements occidentaux qui, froidement, sciemment, avaient laissé faire, sans participer mais sans intervenir ouvertement, spécifiquement – ce qui équivalait à une forme de contribution. Si l'« humiliation » n'a pas non plus épargné les victimes ou les survivants, c'est que tout le genre humain, sa part immolée incluse, fut alors foncièrement, ouvertement dégradé. Peut-on dire dénoncé ?

Humiliation ? Ce n'est pas d'« humiliation » qu'il s'était agi mais de barbaries commises par des lâches et permises par de pleutres puissances internationales. Cela n'avait répondu d'aucune lâcheté de la part des victimes mais avait indiqué leur solitude : un isolement qui accusait l'ampleur d'un crime opéré sur fond de cynisme planétaire. Curieux exercice, celui qui détournait sur leurs proies les reproches, les règlements de comptes, l'opprobre que l'on n'avait pas le pouvoir de diriger sur les criminels et leurs complices, qui, eux, s'étaient exprimés « les armes à la main » face à des êtres désarmés.

Curieuse réaction, celle de ces pionniers d'une nation nouvelle supposée rassembler, reconnaître et respecter ceux qui avaient précisément subi, traversé ce destin en sa spécificité même. Et qu'ils vilipendaient.

Réaction humaine, trop humaine d'une nation qui refusait ce passé tragique au nom duquel elle avait acquis son territoire et qui voulait donner d'elle-même l'image d'un peuple neuf, indomptable, vigoureux éventuellement jusqu'à l'abus. Autant de réactions issues d'un passé d'excessive souffrance, d'épouvantes excessives, d'une mémoire insoutenable, lesquels contribuaient à perpétuer le cauchemar vécu par ceux qui, même dans une patrie créée pour eux, ne rencontraient encore et toujours que des lieux hostiles, au mieux réticents, et un public qui les stigmatisait, allant jusqu'à les honnir et qui les eût volontiers proscrits.

Pour revenir aux temps de la torture, des années concentrationnaires, de l'extermination – à ces temps qui *leur* étaient reprochés, au nom desquels ils étaient offensés par leurs congénères, sans doute ces derniers n'eussent-ils pas compris, eussent-ils condamné, méprisé ceux qui, par exemple, abandonnés sans recours au désastre, avaient écrit aux autorités nazies non pour demander la vie en grâce, leurs vies qu'ils savaient perdues – cette vie qui leur convenait si bien : « Une heure de vie, disaient-ils, c'est encore une heure», cette vie qu'ils avaient au moment de la perdre le courage d'aimer encore et de le reconnaître, de le déclarer en la sachant condamnée – oui, sans doute ces pionniers eussent-ils jugé indignes les membres du Conseil juif de Budapest écrivant, le 3 mai 1944, au ministre de l'Intérieur hongrois pour réclamer, lucides, prêts à la mort, à propos de cette mort, un peu moins d'horreur dans l'horreur : «Nous tenons à déclarer que nous ne demandons pas cette audience pour élever une protestation contre les mesures adoptées, mais simplement pour demander qu'elles soient appliquées avec humanité.»

Soumission ? Stoïcisme ? Qui combattait alors manifestement, directement pour eux, avec eux ? Qui intervenait spécifiquement pour eux et d'urgence dans le monstrueux maelström de cette guerre ? Ce jour-là, que faisaient leurs contemporains ? Que faisaient, en particulier, leurs proches à l'abri en Palestine sinon leur reprocher de n'y être pas ?

Certes, comment ne pas comprendre le sursaut, le rejet désespéré de certains juifs n'acceptant plus comme fatal ce destin funeste, qui avait à répétition au long des siècles fait sortir «le temps de ses gongs» et chaque fois suscité pour eux un nouvel enfer ? Né à la fin du XIXe siècle et réclamant pour les juifs une terre, un «Foyer», puis un État dans une Palestine habitée par d'autres depuis quinze cents ans, le sionisme, en dehors de ses revendications d'ordre sacré, s'appuyait naturellement sur le climat d'alors, sur ses philosophies, sur cette logique coloniale établie, qui autorisait et même encourageait les grandes puissances à disposer de terres étrangères tenues pour exotiques et de leurs habitants. Mais il allait ainsi à rebours de l'Histoire, a contrario d'un événement politique capital engagé en France, avec une loi, qui, en 1791, au cours de la Révolution française, éradiquait la racine du mal, laquelle excluait les juifs du Droit général. Avec cette loi, les juifs étaient « reconnus et traités comme des hommes valables et égaux en droit », à l'instar de leurs compatriotes. La voie s'ouvrait à une éthique politique, une logique, qu'il faudrait désormais défendre contre la moindre crise, le moindre incident venant s'y opposer, sous peine de régression dramatique. Et qu'il faudrait rendre universelle.

De ce point de vue le sionisme ne raconte pas tant l'histoire d'une conquête ou d'une libération que celle d'un renoncement, d'un découragement à l'image du renoncement et du découragement politiques de Theodor Herzl. De sa résignation initiale, qui tenait l'antisémitisme pour un fait à jamais acquis.

S'il ne fut pas l'initiateur du sionisme, qu'il a plusieurs années ignoré, mais qui existait déjà, Herzl[1] fut l'emblématique et très étrange fondateur d'un sionisme officiel, actif, structuré, internationalement reconnu.

---

1. Theodor Herzl : né en Hongrie, en 1860, dans une famille bourgeoise prospère, qui s'installe à Vienne lorsqu'il a dix-huit ans. Si tant de détails sont connus sur sa vie, c'est grâce au journal intime qu'il tenait quotidiennement avec une franchise, une spontanéité rares. Les citations sans références proviennent toutes de ce journal. Beaucoup des informations relatives à Herzl sont puisées dans sa biographie par Ernst Pavel, *Theodor Herzl ou le labyrinthe de l'exil*, Paris, Seuil, 1992.

Fragile et dynamique, de santé précaire, volontiers cosmopolite, Herzl, bel homme fort élégant, attachant, était fils unique de parents très aisés[1] et fut toute sa vie affectivement blotti contre ces « chers, bons, bien-aimés parents dont je suis toute la vie, à qui je dois gratitude et amour le plus tendre jusqu'à mon dernier souffle », au point de menacer sa femme, Julie : « Toi et les centaines de milliers de ta sorte, je vous jetterai à coups de pieds hors de chez moi... plutôt que de blesser ma mère[2]. »

Juriste de formation, romancier, dramaturge sans grand talent ni succès, mais journaliste à juste titre de très grande renommée, aux « dons éblouissants, favori du public », selon son admirateur et protégé Stefan Zweig, il fut le Viennois juif le plus assimilé qui soit, le plus indifférent, et même intimement hostile à la religion comme aux traditions juives. Signe d'importance : son seul fils, Hans, ne fut pas circoncis. Devenu grand prophète du sionisme, Herzl choquera fréquemment les milieux pratiquants, oubliant ouvertement, par exemple, de respecter le sabbat ou recevant, entouré de sa famille groupée autour d'un arbre de Noël, le très influent – et très indigné – grand rabbin de Vienne Moritz Güdemann.

Une usure permanente le mènera à une fin prématurée : il mourra d'épuisement à l'âge de quarante-quatre

1. Son père, Jacob Herzl, self-made man, finit sa carrière comme président de la Banque hongroise.

2. Tout aussi amène, Julie l'apostrophe : « Si tu répètes ce que tu viens de dire, je te crache au visage et je te frappe. »

ans. Usure résultant d'un mariage désastreux[1], d'une santé fragile, mais surtout d'une incessante, d'une insensée fièvre d'activités liée à son projet monumental, de voyages continus, exténuants et souvent lointains, d'un stress croissant dû à son entreprise gigantesque, menée pratiquement seul avec fougue et courage. Stress accru par une vie parallèle de journaliste professionnel, correspondant à Paris pendant quatre ans, puis directeur littéraire du plus grand et du plus prestigieux quotidien viennois, la *Neue Freie Presse* (Nouvelle presse libre)[2] où, jusqu'à la fin de sa vie, il travaillera sous la coupe de ses deux patrons tout en négociant la création d'un État... dont son journal refusait de parler ! Si sa profession le pose d'emblée comme un homme d'influence auprès de ses interlocuteurs les plus haut placés, il se plaint néanmoins de ce qu'il doit « supporter à la *Neue Freie Presse* où j'ai poursuivi ma besogne en tremblant pour le pain quotidien de mes enfants ». Une « servitude humiliante[3] » mais nécessaire, la dot considérable de sa femme et tout autre revenu ayant fondu au profit de sa

---

1. Le rapport confidentiel d'un médecin, témoin de son agonie, stipule : « Le nœud du problème est la femme ; leurs constantes frictions les détruisent, lui comme elle. » Julie mourra trois ans plus tard, à l'âge de trente-neuf ans.

2. En sus, il fondera et dirigera pratiquement seul le journal sioniste *Die Welt*.

3. Au sortir du troisième Congrès sioniste qu'il avait présidé comme les deux premiers, il écrit dans son journal, en août 1899 : « Et après avoir goûté à la liberté et avoir été un seigneur durant une semaine, je dois retourner à ma vile servitude de la *Neue Freie Presse*, où je ne suis même pas autorisé à avoir une opinion personnelle. » En 1902, requis par son quotidien, il devra remettre d'un mois sa rencontre avec Joseph Chamberlain, ministre anglais des Colonies, et même alors, c'est bourrelé de remords et dans la crainte d'être renvoyé, qu'il partira pour Londres, en cachette de ses patrons.

cause. En pleine gloire, déjà légendaire, mais submergé comme souvent par la dépression, il note le jour de ses quarante et un ans, trois ans avant sa mort : « Je dois hâter le pas. Cela fera bientôt six ans que j'ai créé ce mouvement qui me laisse vieux, fatigué et pauvre. » Ce n'est pas précisément le sionisme que Herzl espérait d'abord fonder, mais, au cours des neuf dernières années de sa brève vie, c'est son opiniâtreté à devenir un fondateur qui le conduisit sur cette voie moins aristocratique qu'il ne l'avait d'abord souhaité.

Souvent « travaillé, rongé, tourmenté et rendu très malheureux », mais « pas vraiment ému jusqu'au fond de l'âme », par sa condition de juif, jamais il ne combattit politiquement l'antisémitisme : au contraire, sa politique consistera à l'accepter comme un fait établi, inéluctable, qu'il écrit avoir, à Paris, « commencé à comprendre, voire à excuser sur le plan historique ».

C'est encore à Paris, en janvier 1895, qu'il assiste à la dégradation publique du capitaine Dreyfus. « Et où cela ? En France. Dans la France républicaine, moderne, civilisée, cent ans après la Déclaration des Droits de l'homme. » À la même époque, Karl Lueger, tribun violemment antisémite, se présente à la mairie de Vienne (Hitler, qu'il subjuguera jeune homme, le désignera comme ayant été « le meilleur bourgmestre allemand de tous les temps », ajoutant : « Si le Dr Karl Lueger[1] avait

1. En 1895, l'empereur François Joseph refusa d'entériner l'élection de Lueger, jugé trop antisémite. Lueger ne deviendra maire de Vienne qu'en 1897 (jusqu'en 1910). Aujourd'hui encore, l'une des plus prestigieuses artères de Vienne

vécu en Allemagne, il aurait fait partie de nos plus grands esprits »). Herzl est dès lors convaincu de l'échec définitif de l'émancipation : « L'assimilation est une cause perdue. » Il décide de l'inutilité de lutter contre l'antisémitisme. L'idée ne lui vient pas de faire barrage à la déferlante raciste en réfutant ses arguments, en s'opposant à ses buts, en se joignant aux défenseurs d'Alfred Dreyfus ; il entre de plain-pied dans la « logique » antisémite et s'y plie. L'Affaire, à ses yeux, n'est pas un épisode : pour lui, elle représente un obstacle infranchissable, une conclusion définitive, un symptôme incontournable et devient le motif qui va lui permettre de vivre à la fois un renoncement qui lui est naturel, et sa véritable vocation : celle de leader d'un mouvement issu de ce renoncement même.

À Ludwig Speidel, son collègue à la *Neue Freie Presse*, il déclarait en 1894 déjà : « Je comprends l'antisémitisme… En fait, il est la conséquence de l'émancipation des Juifs », auquel l'antisémitisme était pourtant, ô combien, antérieur ! En France, ses thèses recoupent alors celles en cours dans certains des salons qu'il fréquente, devenu journaliste en vogue et lancé dans la vie parisienne. Une fois par mois il déjeune chez Alphonse Daudet, qui ne lui a pas caché son antisémitisme ; c'est là qu'il rencontre le plus notoire et le plus virulent ennemi des juifs, Édouard Drumont, féroce auteur à succès de *La*

porte le nom de *Dr Karl Lueger ring* ! Elle longe les jardins du *Rathaus* (Hôtel de Ville). Au n° 1, l'université de Vienne. Au n° 2, le célèbre *Burgtheater*. Contigu, le Parlement. Nul ne semble s'étonner de voir ainsi honoré le tribun antisémite, qui fut l'un des modèles de Hitler.

France juive, avec lequel il sympathise : « Une bonne partie de ma liberté conceptuelle, je la dois à Drumont. »

Herzl n'est pas du bois dont on fait les antiracistes. L'antisémitisme ? Une fatalité, selon lui, à laquelle les juifs peuvent seulement espérer se soustraire : « J'ai un fils. Pour son bien, je préférerais me convertir aujourd'hui plutôt que demain, pour qu'il appartienne le plus tôt possible à la communauté chrétienne et que lui soient épargnées les souffrances et les humiliations que j'ai supportées et continuerai de supporter parce que Juif. » Néanmoins, il ne veut pas abandonner ses congénères « tant qu'ils sont persécutés » et, comme il espère qu'adulte Hans sera lui aussi « trop fier pour renier sa foi, alors même, j'en suis sûr, qu'il n'en aura pas davantage que moi », il en déduit que, précisément pour ne pas avoir à faire face à ce dilemme, « les garçons juifs devraient être baptisés dès l'enfance, avant d'avoir l'âge de réfléchir et tant qu'ils ne peuvent rien y faire. Il faut les fondre dans la majorité ».

Ainsi, avant d'offrir pour unique solution à l'antisémitisme le départ de ceux qu'il vise, Herzl veut, au contraire, les faire s'ancrer grâce à une « conversion en bloc de tous les Juifs au christianisme ». Il a vocation à la soumission, mais spectaculaire, solennelle et gratifiante pour son initiateur : cette conversion aurait lieu, conduite par lui, « en plein jour le dimanche à midi dans la cathédrale Saint-Étienne, avec une procession solennelle et l'envolée des cloches, », rêve-t-il dans son journal un jour de Pentecôte, en 1895. Il a trente-cinq ans et se voit « déjà traitant avec l'archevêque de Vienne, discutant avec le pape… ». Ses projets si graves semblent souvent avoir été engendrés à partir de rêves éveillés au cours desquels il se projette frayant avec les Grands de ce monde : « Tout d'abord, je négocierai avec le tsar (auquel me présentera notre garant le prince de Galles) pour qu'il laisse sortir les Juifs russes… ensuite je négocierai avec le Kaiser. Puis ce sera l'Autriche, suivie de la France… Si je veux être traité avec respect par les cours impériales, je dois obtenir les plus hautes décorations. En commençant par les anglaises. » Or, nombre de ces rencontres fantasmées finiront par avoir lieu ! Par exemple, en 1898, avec le Kaiser[1], qu'il espère convaincre d'intercéder pour lui auprès du sultan Abdulhamid II, afin qu'il lui cédât des terres. Aucune de ces entrevues tant rêvées avec les plus hautes sommités ne donnera le moindre résultat malgré, chaque fois, ses espoirs frémissants et la somme immense d'efforts diplomatiques et financiers qu'elles auront requis, mais Herzl rebondira toujours aussitôt, déjà sollicité par un nouvel objectif et d'ailleurs persuadé, malgré ses déconvenues, d'avoir fait « preuve d'habileté ». D'échec en échec, cette hantise « des puissances et des princes » aura fait viscéralement partie de son action. Ces

1. Et aussi, entre autres, avec le roi d'Italie, le pape, plusieurs ministres anglais et russes.

En présence de l'Empereur, Herzl, trop ému, n'a pas retenu (ni sans doute même entendu) des pans entiers de leurs entretiens. « L'apparence, je l'avais imaginée auparavant, mais non la respiration, la vie de cet être. » Il se félicite d'autant plus du choix de ses gants, d'une « couleur particulièrement réussie : un gris très délicat ». Rien ne résultera de leurs entretiens. Herzl n'en conclura pas moins : « Cette rencontre figurera dans l'histoire des Juifs pour l'éternité des temps et il n'est pas impossible qu'elle ait aussi des répercussions historiques universelles. » Avait-il tout à fait tort ?

entrevues au sommet auront d'ailleurs donné de la publicité à sa cause, un écho international et, surtout, l'auront très sérieusement introduit dans le champ international de la vie diplomatique. Cette fascination, ce désir obsessionnel de frayer avec des souverains et autres puissants de l'époque, retentiront, en fait, sur l'Histoire puisqu'ils auront stimulé, voire suscité, le processus dont est résulté le sionisme formel, internationalement reconnu et, sans nul doute, des plus historiques.

À son rêve d'une conversion massive succédera la vision d'une nation juive de contes de fées, installée indifféremment en Argentine, au Canada ou en Palestine, mais avant tout luxueuse et raffinée : « Nous aussi, nous aurons des bals resplendissants, des hommes en habit, des femmes à la dernière mode. » Ses plans somptueux sont prêts dans les moindres détails : « Tous les fonctionnaires doivent porter un uniforme, être élégants, martiaux mais pas ridicules. Les grands-prêtres porteront des vêtements impressionnants. Notre cavalerie, des pantalons jaunes, des tuniques blanches. Les officiers, des cuirasses en argent. » Son modèle ? La république médiévale de Venise : « Si les Rothschild se joignent à nous, prévoit-il, le premier doge sera un Rothschild. » Son père sera le premier sénateur et des larmes lui montent aux yeux à l'idée « qu'un jour je pourrai couronner Hans comme doge et que, dans le Temple, devant les chefs de la nation, je m'adresserai à lui en l'appelant : "Votre Seigneurie, mon cher fils." » Il distribue déjà les postes, promet le théâtre à son ami Arthur Schnitzler et juge qu'un autre de ses amis, Max Nordau,

« ferait un bon président de notre académie ou un ministre de l'Éducation[1] ». Son programme politique ? « Le seul mode de gouvernement est l'aristocratie… Pour ce qui concerne l'État et ses besoins, ce sont des choses que le commun des gens n'est pas en mesure de comprendre » car le peuple n'est qu'« un agglomérat de grands enfants que l'on peut éduquer ».

Il est au seuil de son action, dans neuf ans la mort l'interrompra. Entre-temps ses fantasmagories d'opérette se seront effacées par force et sa pensée aura pris des voies moins fantaisistes, moins réactionnaires ; il sera maintenant question d'un « État modèle », d'un « pays d'expérimentation », fondé sur le travail. Un pays d'abord défriché par des pionniers miséreux à l'intention des riches pionniers qui n'arriveront qu'en dernier lieu, faisant suite aux classes moyennes.

La fulgurance poétique de ses intuitions répond cependant d'un certain réalisme visionnaire, issu de son instinct quant à la puissance du désir, lorsque, toujours en 1895, il écrit au baron de Hirsch, mécène potentiel : « On ne peut bâtir une politique pour tout un peuple – surtout un peuple disséminé sur l'ensemble du globe – que sur des impondérables. Savez-vous avec quoi s'est construit l'Empire allemand ? Avec des rêves, des chants, des fantasmes et des rubans noirs, rouges et or. Bismarck n'a fait que secouer l'arbre planté par des rêveurs… Seul ce qui relève du fantasme émeut vraiment les gens… Celui

1. Médecin, essayiste de grande notoriété (*Dégénérescence*, 1892), sioniste et grand ami de Herzl.

qui ne comprend pas cela ne mènera jamais les hommes et ne laissera aucune trace dans l'Histoire. »

Herzl conservera le sens du rêve et de la mise en scène, et cette passion d'espérer faire prendre par la réalité le relais du fantasme. Il n'en continuera pas moins de rappeler étrangement le personnage de Bloch dans *À la recherche du temps perdu* et de répondre à l'image inattendue d'un snob, l'un de ceux qui se snoberaient eux-mêmes s'ils étaient l'autre. Essentiellement avide de traiter avec les puissants dont il vénère le rang (qu'il s'en veut de vénérer), il redoute leur dédain et c'est toujours en alerte, sur la défensive, en proie parfois à une extase, à une rage douloureuses, à un sentiment d'impuissance, qu'il réagit, surtout jeune, par une arrogance immédiate, agressive et souvent gratuite, mais aussi avec une autorité audacieuse envers ceux qu'il juge ses supérieurs, qu'il imagine ses contempteurs et qui le fascinent.

Magnat philanthrope, le baron de Hirsch est de ceux-là et c'est sur lui qu'en quête de soutien Herzl jette d'abord son dévolu. Comme les Rothschild en Palestine, Hirsch, « intime des rois et des ministres », entretient alors en Argentine, en ses vastes espaces, des colonies de juifs supposés « se régénérer » en devenant agriculteurs. Herzl tient à lui dire tout le mal qu'il en pense, tout en lui exposant la chance qu'il aurait de devenir son bienfaiteur financier. Loin de solliciter un rendez-vous, il enjoint le baron de le recevoir. Ce dernier finit par obtempérer et Herzl de se préparer, fiévreux, rédigeant vingt-deux pages de notes et soignant sa mise : « Le jour précédent, j'avais intentionnellement enfilé une paire de gants neufs, afin qu'ils paraissent encore neufs mais pas juste sortis de la boutique. Il ne faut pas se montrer trop déférent envers les riches. » Il s'en gardera bien.

Le 2 juin 1895, « hébété » par la somptuosité grandiose de la demeure parisienne du baron, il ne fera que défier celui-ci, voire l'insulter, l'empêchant de placer un mot tout en se plaignant d'être interrompu... avant de s'en aller bredouille. De cette scène puérile est né là aussi tout un pan de l'Histoire, qui se prolonge encore aujourd'hui. Hanté, humilié par ce fiasco[1], Herzl écrira « en marchant, debout, couché, dans la rue, à table, la nuit », le brouillon d'une longue lettre à Hirsch, qu'il n'enverra pas mais qui servira de base à une *Adresse aux Rothschild*, laquelle ne sortira pas non plus de ses tiroirs. Mais c'est à partir de ces pages qu'il écrira *L'État des Juifs*[2], œuvre qui déterminera l'essor du sionisme.

De maladresse en maladresse, de bluff en bluff (qu'il en soit l'instigateur ou la victime)[3], avec une somme d'énergie stupéfiante, de timidité provocatrice et de

1. À la mort du baron, l'année suivante, Herzl reconnaîtra : « Je n'ai peut-être pas su le manier ! »

2. À l'époque traduit par *L'État juif*. Nous n'utiliserons ici que la traduction plus exacte et récente : *L'État des Juifs*, Paris, La Découverte, 2003.

3. Ainsi, proposera-t-il (en vain) au sultan Abdulhamid, au cours de longues négociations et contre la concession de territoires, le rachat de sa dette publique : « Nous consacrerons vingt millions de livres sterling à l'assainissement des finances turques. » Il n'en a pas le premier sou mais compte sur la haute finance juive... qui lui est foncièrement hostile ! Lorsque le sultan lui demandera quel financier a élaboré ce plan, « je gardai un silence plein de mystère », se félicite-t-il. En fin de compte, c'est lui qui sera manœuvré par le sultan.

charisme exceptionnel, d'improvisations obstinées, de susceptibilité douloureuse sans cesse dépassée, de découragements foudroyants et de redressements fougueux, de persévérance héroïque, d'intuitions techniques et de naïveté, Herzl parviendra, sinon à mener à bien, du moins à donner vie à ses projets considérables, lesquels iront se modifiant tandis que son rôle sera modelé par les événements plus qu'il ne les modèlera.

S'il avait d'abord rêvé d'être soutenu par les Rothschild, épaulé par des souverains qu'il aurait tous séduits, ce fut, en fin de compte, la masse, ignorée de lui jusque-là, de juifs pauvres, persécutés, les juifs misérables de l'*East End* de Londres et surtout ceux des ghettos de l'Est, victimes de pogroms, qui le soutinrent. Et ce ne furent pas non plus ses romans, ses pièces de théâtre mais cet essai, *L'État des Juifs*, qui le conduira à la célébrité et réussira à galvaniser non pas les Rothschild ou autres personnalités célèbres par leur fortune et leur puissance et sur lesquelles il avait d'abord (avec délice) tablé, mais des juifs sans pouvoir, en nombre, venant de toutes parts, déjà convaincus, certains éminents mais en raison de qualités austères, intellectuelles et politiques, et non de leurs fastes ou de leur caractère mondain.

Désormais, c'est souvent avec un sens très pratique qu'il donnera à son rêve un cadre et des moyens concrets, établissant, entre autres, une banque, une presse et un Fonds national juif (financé par une souscription populaire). Mais surtout, fort de ses très nombreux partisans, il organise en août 1897 le premier Congrès mondial sioniste, succès majeur, qui l'amène à écrire trois jours après la clôture : « À Bâle, j'ai créé l'État juif. Si je disais cela publiquement aujourd'hui, la réponse serait un rire universel. Dans cinq ans peut-être, dans cinquante ans sûrement, tout le monde le reconnaîtra. » On sait qu'en 1948, cinquante et un ans plus tard, c'était chose faite. « C'est tout de même quelque chose », anticipe-t-il, « pour un journaliste démuni agissant au sein de la plus profonde dégradation du peuple juif et à l'époque de l'antisémitisme le plus répugnant, de transformer un chiffon en drapeau et une bande de gens décadents en un peuple rassemblé, debout, autour de ce drapeau ».

« Décadents », « dégénérés », tels sont à ses yeux ceux qu'il entend guider, qu'il ne prise guère et qui demeurent assez abstraits et distants à ses yeux : « Je commande une masse de jeunes, de mendiants et d'idiots. » Ce ne sont pas ces gens qu'il défend, mais « sa » cause, « ses » idées – en fait, son destin. « La cause s'est emparée de moi », mais il ne se confond pas avec ceux qu'elle soutient. Regrette-t-il de faire partie du groupe ? « Si je souhaitais être quelque chose, mon choix serait d'être un noble prussien de vieille souche », confiait-il à son journal en juillet 1895. Toujours est-il que son souci n'est pas de voir disparaître ou même faiblir le racisme mais de le contourner sans tenter de même l'ébranler. Pour lui le rejet des juifs a un caractère d'évidence qu'il parvient, nous l'avons vu, à « comprendre et même à excuser ». À l'extrême satisfaction des racistes, il estime que leur

« antisémitisme est la conséquence de l'émancipation des juifs », lesquels forment, « au sein des différentes nations, un corps étranger ». D'où sa certitude « de l'inanité et de l'inutilité des tentatives d'organiser une "défense contre l'antisémitisme" ». Il compare ce dernier à « certaines catastrophes naturelles comme les inondations », grâce auxquelles « il se produira un processus de sélection à la Darwin », qui seul permettra à certains juifs de s'adapter ! Selon lui, l'antisémitisme relève d'une certaine pédagogie et peut représenter « un mouvement d'éducation d'un groupe par les masses ».

Les antisémites retrouveront chez lui un condensé de leurs propres arguments. Ils ne s'y tromperont pas, tel Drumont, qui fera un éloge chaleureux de *L'État des Juifs* et dont le journal, *La Libre Parole*, bible des anti-juifs, soutiendra toujours Herzl avec vigueur. C'est à partir de l'antisémitisme et non contre lui que lutte ce dernier, jugeant inutile de polémiquer à propos d'un phénomène qu'il ne réprouve pas foncièrement, qu'il semble tenir pour sans doute regrettable, mais fatal, et qu'il tente de neutraliser en allant dans son sens, en entrant dans son jeu et, de ce fait, en l'entérinant, en le consacrant politiquement. Loin de contester cet antisémitisme, il cherche la solution qui pourrait satisfaire ses adeptes au moindre coût pour leurs cibles, soit en prônant un renoncement collectif et en grande pompe à la religion juive, une conversion globale des juifs au catholicisme, soit, lorsqu'il en perçoit l'inutilité, en promettant de délivrer leurs adversaires des juifs qu'ils refusent et qu'il propose, lui, d'exiler. Et ce, notons-le, au Canada, en Argentine, ensuite en Ouganda, souvent sans préférence pour la Palestine.

Il faut le voir jongler virtuellement en compagnie de ses interlocuteurs et comme s'il s'agissait de hochets, avec la Mésopotamie, l'Anatolie, Chypre, Tripoli, l'Ouganda et autres régions à la disposition des grandes puissances et éventuellement colonisables par les sionistes. Ou comment Joseph Chamberlain lui déclare aimablement en 1903 : « Au cours de mon voyage, j'ai vu un pays pour vous, il s'agit de l'Ouganda. J'ai pensé : voilà un pays pour le Dr Herzl. » Mais cette dernière possibilité divisera ses partisans entre ceux inquiets de l'urgence d'obtenir un asile pour les Russes en proie aux pogroms et ceux habités par l'exigence d'un retour à Jérusalem. Ces derniers l'emporteront, mais pas de sitôt. En fin de compte, la majorité des sionistes ne renoncera pas au choix exclusif de la Palestine ; pour elle l'idée de refuge s'amalgame avec celle de patrie, sans que l'on puisse décider si l'une sert de prétexte (et à quel point) à l'autre. Dans les faits, nous verrons que le désir réel de l'immense majorité des émigrants juifs d'Europe, leur choix spontané les entraîneront sans hésitation… vers les États-Unis et non vers l'emblématique Jérusalem.

C'est en insistant sur sa capacité à débarrasser leurs pays des juifs (surtout des plus démunis), à prévenir toute immigration possible de ces indésirables et à les « soustraire aux partis révolutionnaires », que Herzl défendra sa cause auprès des gouvernements dont la plupart apprécieront cette part de ses plaidoiries, sans jamais toutefois servir les méandres de ses plans internationaux. Il ne sera pas à l'abri de leur ironie ou même de leurs insultes. Ainsi, en Russie, lorsque (malgré ses propres partisans, les sionistes russes indignés) Herzl rencontre en 1903 Vyatcheslav Plehve, l'homme politique en vue de l'empire tsariste, antisémite fanatique, responsable, quelques mois plus tôt, de l'un des pires pogroms, celui de Kishinev qui, après l'assassinat d'Alexandre III, dura plusieurs jours et fut le premier d'une terrible série, ce ministre de l'Intérieur lui affirme « soutenir de tout cœur l'émigration sans retour », ajoutant avoir « toujours été en faveur de ce sionisme-là ». Quant à son collègue, Serguei Witte, ministre de l'Économie, à qui Herzl demande « des encouragements », il rétorque aussitôt : « Mais nous donnons aux Juifs des encouragements à l'émigration. Des coups de pied, par exemple. »

Le prince de Guermantes, longtemps antisémite absolu, n'avait-il pas, lui aussi, « toujours soutenu qu'il fallait renvoyer tous les Juifs à Jérusalem » ?

Cette émigration, plaidait encore Herzl, « aura déjà l'effet d'apporter une bouffée d'air aux classes moyennes des pays antisémites », qu'il acceptait donc de considérer comme asphyxiées par la présence de leurs compatriotes juifs. Qui plus est, ces parias, une fois qu'ils auraient dégagé et quitté l'Occident, pourraient, insistait-il, une fois installés en Orient, se rendre utiles et, devenus des néo-Occidentaux, constituer « pour l'Europe, un morceau de rempart contre l'Asie ; nous serions la sentinelle avancée de la civilisation moderne contre la barbarie ». Ne l'effleure même pas l'idée qu'il plaide précisément pour un refuge contre une certaine barbarie de cette « civilisation moderne », tant elle lui semble inéluctable, tant il adhère à ses hiérarchies. Tant il est foncièrement un homme occidental. Et lorsque Theodor Herzl se rendra à Jérusalem, une seule fois dans sa vie et dans l'unique but d'y rencontrer à nouveau le Kaiser, son cri du cœur devant la ville sale et pauvre sera : « Quand, à l'avenir, je me souviendrai de toi, ô Jérusalem, ce sera sans plaisir[1] ! »

Tel fut le fondateur officiel du sionisme, émouvant de contradictions, de paradoxes, de malaises intimes et d'un désir fou de ne pas être juif, ou, tout au moins, lui si ancré dans les milieux viennois ou parisiens les plus sophistiqués, de l'être différemment de ceux qu'il prenait sous sa coupe : une sorte de roi (il arrivait qu'on l'appelât « le roi Herzl »), en phase avec d'autres puissants de ce monde dans un rôle de leader et non confondu dans une masse qu'il jugeait tout juste bonne à « régénérer ». S'il entendait la sauver de ses adversaires (avec lesquels il se sentait souvent plus en affinité qu'avec ses propres partisans), c'est en allant au-devant du désir de ces antisémites, en leur réclamant ce qu'ils n'osaient exiger eux-mêmes, mais dont la plupart rêvaient : ce départ, cet exil

---

1. Il y retournera cependant : le 16 août 1949, la Knesset décrétera le transfert du corps de Theodor Herzl de Vienne en Israël, avec ceux, bien symboliquement, de ses « chers, bons et bien-aimés parents ». Après des obsèques nationales, il sera inhumé sur le (désormais) mont Herzl, près de Jérusalem.

des juifs, leur absence, qui étaient devenus son propre projet[1].

Après avoir fait songer à Bloch, à Gilbert de Guermantes, Herzl, contemporain de Proust (il est son aîné de onze ans), ne rappelle t-il pas quelque peu Swann, qui, confronté à l'Affaire Dreyfus, juif et se sachant mourant, déclarait à propos de ses amis de toujours : « Au fond, tous ces gens-là sont antisémites » et décidait de se tenir à l'écart,

1. Après la mort de Herzl, étrange destin des siens. Laissée sans ressources, comme leurs enfants, sa femme, Julie, incapable de gérer sa ruine, se prétendit fervente du mouvement sioniste qu'elle haïssait, afin d'en obtenir quelques subsides. Elle erra de sanatoriums en maisons de repos avant de mourir trois ans après son mari. Elle avait trente-neuf ans.

Pauline, leur fille aînée, quatorze ans à la mort de Herzl, fit bientôt scandale du fait de ses nombreuses liaisons. L'époque la qualifiera de « nymphomane ». Elle fut sans cesse internée en psychiatrie. Son mariage dura un an. Perdue de vue durant des années, elle réapparut, malade et morphinomane, arrêtée pour vagabondage près de Bordeaux, où elle mourut un mois plus tard, au désespoir de son frère Hans. Elle avait quarante ans.

Hans, à partir de l'âge de treize ans (donc à la mort de son père), vécut en Angleterre. Il avait quinze ans lorsque ses protecteurs sionistes obtinrent qu'il soit circoncis ! Après de brillantes études à Cambridge, docteur en philosophie, il servit pendant la Grande Guerre dans l'armée britannique. L'ésotérisme l'attira, il songea à se faire moine. Consulta Jung et Freud. Se convertit plusieurs fois, devint successivement baptiste, catholique, protestant, unitarien, quaker, avant de retourner à la synagogue. Quelques heures avant les obsèques de Pauline, s'estimant coupable par négligence de sa mort, il se fit sauter la cervelle dans un hôtel de Bordeaux. Il avait trente-neuf ans.

Trude, la plus jeune, maniaco-dépressive, fut elle aussi souvent internée en psychiatrie. Elle estimait pouvoir succéder à son père à la tête du mouvement sioniste et, comme lui, écrivait aux monarques et autres puissants. Elle mourut en 1942 à Theresienstadt, déportée comme malade mentale.

Mariée à Richard Neuman, Trude avait eu un fils, Stephan Theodor, qui, très beau, ressemblait à son grand-père. Après des études à Cambridge, il fut capitaine dans l'armée britannique durant la Seconde Guerre mondiale. En 1945, il se rendit en Israël, y fut accueilli avec enthousiasme mais refusa de s'y installer. En 1946, il fut nommé à un poste à l'Office scientifique du Commonwealth à Washington où, deux mois plus tard, il se suicida en se jetant du haut du pont de Massachusetts Avenue. Le petit-fils et seul descendant du Dr Herzl avait vingt-huit ans (sources Ernst Pavel, *op. cit.*).

préférant voir chez eux « un préjugé contre lequel il n'y avait rien à faire plutôt que des raisons qui se laisseraient discuter » ? Swann, l'homme du monde, l'esthète, membre du Jockey Club, joyau du Faubourg Saint-Germain, indifférent, même étranger au judaïsme et qui, aujourd'hui, selon le duc de Guermantes, « poussait l'ingratitude jusqu'à être dreyfusard ». Swann qui achevait, lui en solitaire, son destin élitiste et qui « arrivé au terme prématuré de sa vie, comme une bête fatiguée qu'on harcèle, exécrait ces persécutions et rentrait au bercail religieux de ses pères ».

Plus réaliste que Theodor Herzl ou Charles Swann, Marcel Proust repère les oscillations de la société d'alors à partir du microcosme de la *Recherche*. Il narre les conversions de plusieurs des Guermantes au dreyfusisme, celle du prince surtout, qui la révèle à Swann proche de la mort, mais n'ose en parler à la princesse, laquelle lui dissimule son propre retournement.

Car cette époque-là était précisément des plus propices aux prises de conscience, à l'évolution de ces consciences, à leurs confrontations, aux irruptions pulsionnelles comme aux analyses aussi ; propice, en particulier, à un travail politique visant au rejet d'un antisémitisme mis tout à fait à découvert. Si l'Affaire était révélatrice d'une haine latente, elle l'était tout autant d'une opposition viscérale, consciente et spontanée à son expression. Il s'agissait de moments cruciaux où toutes les données étaient mises au jour en Europe occidentale, où, dans un climat certes passionnel, toutes les opinions pouvaient s'articuler, se mesurer et, de là, se modifier.

On oublie souvent qu'en fin de compte, ce n'est pas la coalition de tous les pouvoirs officiels ligués contre Alfred Dreyfus qui l'a emporté, mais les partisans du capitaine qui, juifs ou non, opiniâtres, avec si peu d'atouts, si peu nombreux d'abord, ont vaincu la meute toute-puissante et cela malgré la durée du calvaire; ce fut surtout (mais n'oublions pas Dreyfus lui-même, sa dignité) une certaine opinion publique française, d'abord très minoritaire, mais prise aux tripes par la vérité, indignée par l'injustice, qui tint bon face aux forfaitures les plus retorses provenant des sphères prédominantes et qui les déjoua.

Une victoire alors si lente à obtenir, mais dont la lenteur prouve combien il convient de persévérer même lorsque toutes les chances semblent appartenir à l'adversaire. Une victoire qui aurait pu ne pas même être recherchée, une lutte qui aurait si bien pu ne pas être entreprise tant elle devait sembler vaine; mais aucune lutte, aucune résistance ne le sont jamais, même vaincues. Il n'y avait donc pas eu là matière à s'incliner, mais au contraire à tenir bon. La France, à la lisière du pire, n'y avait pas basculé. La légalité, dans ce domaine, le prohibait; il s'était agi d'en être conscient et de ne pas, de ne jamais renoncer à défendre cette légalité, même contre les plus rusés et solennels gredins. De ne pas se laisser impressionner, de résister, même au risque d'une défaite et même face à sa probabilité. L'affaire Dreyfus a prouvé la nécessité de ne pas s'incliner. Ce qu'avait remarqué à distance quelqu'un : loin de trouver l'Affaire décourageante pour les juifs et désespérante pour la France, un Lituanien juif fut au contraire galvanisé : « Un pays où l'on se déchire pour le sort d'un petit capitaine juif est un pays où il faut se dépêcher de se rendre. » Et c'est ainsi que le père d'Emmanuel Levinas émigra vers la France.

Herzl, lui, ne prit en compte que le mouvement hostile aux juifs et d'abord vainqueur en cette Affaire; il s'y résigna, le tenant aussitôt pour insurmontable et cherchant seulement à faire s'en échapper (sous sa direction) ceux que visait ce mouvement. Nous connaissons sa méthode : répondre à l'hostilité des antisémites en prenant en compte leurs arguments, en les intégrant pour finalement prétendre gérer à partir d'eux les problèmes mêmes qu'ils posaient aux juifs et cela donc en fonction des données qui leur étaient adverses; leur hostilité devenait à ses yeux la base irréductible et après tout licite – qu'il écrivait comprendre – d'une situation visant à leur éviction, qu'il requérait. Il se rangeait à leur point de vue : l'essentiel étant que les juifs accèdent et se tiennent à leur place, c'est-à-dire... ailleurs !

Or il ne s'agissait pas là, comme Herzl l'a cru – et tant d'autres après lui – d'une affaire d'états d'âme, d'atavisme, d'une question sentimentale irrationnelle, mais d'une question *politique* à laquelle il eût fallu sans cesse ramener ces problèmes, ce qui, même après la Seconde Guerre mondiale, ne fut pas réellement entrepris. De par la nature de son projet, Theodor Herzl renonçait à la possibilité d'une lutte contre l'idéologie raciste, d'un travail de persuasion politique, d'un refus politique et même d'une critique politique, qui, surtout en Europe occidentale, étaient indispensables et cela quel qu'en puisse être l'aboutissement. Il ne s'agissait pas là du sort des seuls juifs mais de celui de la politique à l'échelle mondiale, de l'avenir éthique général et de la légitimité des corps, de leur respiration.

L'antisémitisme n'est pas une affaire privée, moins encore (surtout pas) communautaire entre les juifs et d'autres. Comme tous les racismes, il met en cause, en danger l'humanité et, ici, peut-être, d'une certaine façon, les antisémites en premier. À ne pas oublier : les enjeux de la lutte que ne mena pas Theodor Herzl tenaient en réserve la dénonciation du colonialisme et des apartheids, alors tenus pour des paradigmes de la civilisation.

Tout aux assentiments, aux compromissions diplomatiques liés à son idée fixe, elle-même assujettie à tous les consentements, toutes les adaptations au fait antisémite, Herzl pas une fois ne songea à affronter, contredire et combattre ceux qu'il ne tenait même plus pour des antagonistes mais pour les partenaires potentiels de son projet issu de leur désir ou plutôt de leur refus. En ce sens, il ne fut rien tant qu'un défaitiste. De ce défaitisme était née sa passion pour une cause qu'à partir d'éléments, somme toute négatifs, il défendit, intrépide, avec une détermination des plus positives et, dans le long terme, avec quelle efficacité ! Au point qu'aujourd'hui l'État d'Israël existe, comme son droit irréfutable d'exister.

Mais si tous, juifs ou non, avaient alors suivi la voie de Herzl, adopté son attitude, éprouvé les mêmes convictions, consenti à la même résignation, *Alfred Dreyfus n'eût pas été libéré, innocenté puis réhabilité* – dans des délais scandaleux, il est vrai, mais qui ne découragèrent pas ses partisans, lesquels résistèrent précisément à ce scandale et, pour la plupart, à l'antisémitisme, quelques-uns s'opposant surtout ou même seulement aux injustices qui en procédaient et qui déterminaient le sort inique du capitaine Dreyfus.

Cette résistance se situait du côté de la loi, elle eut gain de cause grâce à ceux qui n'acceptèrent pas la provocation, les permissivités racistes et ne firent preuve à aucun moment de laxisme politique.

L'antisémitisme, on ne le soulignera jamais assez, n'était pas en phase avec la législation. L'émancipation des juifs de France avait vu le jour un siècle plus tôt et, au sein des pays d'Europe occidentale, le principe de liberté, d'universalité des hommes et de leurs droits s'était propagé ; inscrit dans les faits, il continuait de progresser, même souvent contrarié, freiné par ses adversaires. Cette voie-là, qui serait constamment à soutenir, établissait un présent, promettait un avenir au sein d'une politique décente. Mais elle exigerait une vigilance sans faille : cette avancée capitale serait constamment à défendre et forcément attaquée ; de longtemps, en temps de calme, ses adversaires ne se décourageraient pas de la décourager et c'est eux qu'il faudrait décourager en tenant bon malgré les oscillations, malgré tant d'obstacles, de crises, de déceptions, et même malgré la tragédie, malgré la pire d'entre elles. Sans le moindre recul.

Sans jamais oublier que la politique et l'Histoire ignorent toute stabilité, que la pérennité n'y est jamais garantie mais que, de ce fait, la défaite n'y signifie pas l'effondrement, ni l'effondrement une conclusion. On ne gagne, on ne perd jamais tout à fait et jamais à jamais.

En France, en Allemagne, en Angleterre et autres pays de cette région du monde, les juifs étaient officiellement des « citoyens comme les autres, aux mêmes conditions que les autres ». L'Histoire allait dans ce sens, s'y établissait, suscitant les réactions hystériques de ceux qui, le redoutant, en prenaient conscience et le refusaient, d'autant plus véhéments. Un tournant majeur s'opérait. Il est fort dommage que l'énergie de Herzl, sa capacité exceptionnelle à agir et à se faire entendre – et à rêver – n'aient pas été employées d'abord à maintenir, à cuirasser ce cap-là de l'Histoire, fondé sur le respect.

Cette liberté, l'égalité acquises à l'ouest de l'Europe figuraient une amorce précieuse, un droit en soi et la capacité pour tous, juifs ou non, d'en revendiquer l'esprit. Y renoncer, écouter et absorber les contestations rétrogrades de leurs adversaires, s'y arrêter, ne pas y réagir ou même, au contraire, leur complaire, n'était-ce pas admettre la férule des réactionnaires, déserter l'opposition naissante à la barbarie ? Fallait-il amalgamer les pogroms d'Europe de l'Est et l'égalité officiellement acquise à l'Ouest ? Et, même si la suite le corroborerait (mais la suite dépendrait aussi de la position prise alors), fallait-il tenir les pogroms pour définitifs, en somme pour exemplaires, et non la liberté, la justice et le respect légalement institués, même s'ils étaient encore contestés, ou même transgressés illégalement ?

Le premier Congrès sioniste déclarait en conclusion : « Le sionisme a pour but la création d'un foyer pour le peuple juif, garanti par le Droit », ce qui avait du sens, un sens certes émouvant. Mais n'eût-il pas été possible d'avoir pour but « le Droit » garanti pour chaque juif partout où était son « foyer » ? Dans chaque pays qu'il habitait, dont il était le plus souvent un citoyen ?

Faire l'amalgame des juifs, les considérer comme un peuple étranger, les aligner tous sur un même projet consacrant leur extranéité proclamée par les ligues racistes et décrétant un déni de la décence acquise par l'émancipation[1], n'était-ce pas déprécier une législation qui, dans les pays de pointe, supprimait précisément toute législation, toute condition particulières relatives aux juifs et par là discriminantes ? N'était-ce pas, en quelque sorte, détourner les juifs de ne pas céder sur leurs droits réels ?

Certes, il était urgent en Europe orientale de soustraire leurs victimes à l'horreur des pogroms comme aux

1. Le terme « émancipation » peut sembler faire écho à une forme d'indulgence qui mettrait fin à une situation jusque-là normale, et tolérerait dorénavant l'égalité, la liberté d'individus reconnus comme ayant atteint un degré de maturité suffisant pour mériter d'être affranchis. On songe à Bernard Lazare écrivant en 1901 : « Depuis cent ans, le Juif se met dans la situation d'un pauvre auquel, par bienveillance, on a fait un don. Il ne se rend pas compte qu'on ne lui a rien donné du tout, qu'il a simplement récupéré ce dont on l'avait abominablement spolié, c'est-à-dire ses droits d'homme » (cité par Jean-Denis Bredin, in *Bernard Lazare, le premier des dreyfusards,* Paris, Éd. de Fallois, 1992). Au vrai, l'émancipation ne fut pas tant celle des juifs que celle de tous les Français, juifs inclus, accédant ensemble, juifs ou non, à l'émancipation du politique, à la démocratie.

hostilités permanentes provenant de rejets, du confinement dans des ghettos et d'une âpre misère, d'une faim sans limite acculant à la mendicité. Certes, il était naturel à ces populations en proie aux outrages, aux meurtres, de vouloir fuir des terres ennemies où pourtant étaient implantées leurs racines; ces racines qui leur étaient déniées avec brutalité et sur lesquelles elles faisaient l'impasse, préférant se référer à d'antiques origines. Cependant, au sein d'autres mœurs, la plupart n'auraient-elles pas préféré continuer de vivre sur ces terres foulées depuis des générations et qui formaient après tout leur pays natal, la terre de leurs ancêtres et celle, en principe, de leurs descendants? Terre à laquelle beaucoup devaient être attachés malgré le malheur pour eux inhérent à ces parages. L'exclusion, le confinement, la haine endurés, les périls, la pénurie, la menace ininterrompue, les massacres astreignaient ces communautés au repli sur soi. On sait qu'il en naissait une aptitude à s'absorber dans les âpres voluptés de la pensée, en particulier de la pensée juive, dans la rigueur et la fulgurance austère de sa religion, mais aussi dans l'énergie de choix subversifs, étrangers à la religion : dans une réflexion radicale sur la société aboutissant à des positions révolutionnaires.

Si l'urgence, qui était de soustraire les juifs d'Europe orientale aux pogroms, ne s'accordait pas avec les rythmes souvent paresseux de la politique, avec les lenteurs de l'Histoire, cela passait-il forcément par des données sionistes? Certes, au long des siècles avait été répétée la fervente et rituelle promesse de se retrouver «l'an prochain à Jérusalem », mais les émigrants qui l'avaient prononcée année après année ne prenaient pas moins en masse la direction des États-Unis, en moindre nombre celle des pays d'Europe occidentale, mais rarement celle de la Palestine, s'ils en avaient le choix.

Les chiffres parlent. Entre 1881 et 1914, deux millions sept cent cinquante mille Européens juifs émigrèrent aux États-Unis, cent mille en Grande-Bretagne. Seul 1 % des émigrés choisit la Palestine – des pionniers très motivés. Le grand problème des sionistes fut l'impressionnante carence d'immigrants, l'absence de tout élan concret vers ce « retour » en des terres bibliques – et ce même au temps des débuts du nazisme sur lesquels nous avons vu, néanmoins, David Ben Gourion tant tabler. En 1935, seuls 3 % des juifs de la Diaspora avaient choisi de rejoindre la contrée qu'ils nommaient *Eretz Israël.* Le désir d'Israël participait de l'ordre du sacré, il faisait aussi partie du folklore – il ne s'inscrivait pas dans la réalité.

Cela se traduisait par le nombre fort réduit de ceux qui franchissaient le pas et s'installaient en Palestine, mais il faut prendre en compte l'intensité du désir de ceux-là, leur attente et, en théorie du moins, l'accord de bien d'autres juifs dans le monde – cette solide ferveur qui les porta à soutenir à travers les décennies, et à faire advenir dans la réalité, l'improbable utopie de Theodor Herzl. Néanmoins, sa réalisation prit aussitôt un caractère anachronique alors encore imperceptible, conséquence de la souveraineté qu'allaient progressivement obtenir les pays jusque-là colonisés par de grandes puissances occidentales.

Comme du temps de Herzl, le projet sioniste incluait une philosophie, des usages colonialistes, une idéologie en somme, qui, à cette époque, allaient de soi et paraissaient impérissables. Cette adhésion (générale) au système colonial induisait un assentiment tacite, une totale accoutumance à ce racisme si banalisé, si ancré dans les mœurs, dans les mentalités et comme inhérent à l'Histoire – de là aussi, sans doute, un certain renoncement à combattre sous sa forme antisémite un phénomène tenu pour naturel. Certes, le sionisme se voulait en général socialiste, mais le socialisme ne gênait en rien la bonne conscience relative au colonialisme avec lequel la démocratie faisait aussi bon ménage qu'avec le traitement ignominieux des Noirs aux États-Unis.

Or, insidieusement, sur certains points et dans un contexte que nous n'analyserons pas ici, le vent allait tourner. Ainsi, la déclaration d'indépendance de l'Inde, le 15 août 1947 – de cet empire des Indes auquel renonçait la couronne d'Angleterre – précéda de neuf mois la proclamation de l'État d'Israël, le 14 mai 1948. L'une des raisons qui conduisirent la Grande-Bretagne à accepter la perte de son mandat sur la Palestine, voie d'accès orientale au canal de Suez (« centre névralgique de l'empire », selon Lord Curzon), provenait de la baisse d'intérêt considérable de cette région maintenant qu'elle n'avait plus de rôle stratégique à jouer sur la route qui menait aux Indes, sans importance majeure désormais.

Le déclin de l'ère coloniale s'amorçait et avec lui s'accentuerait pour la population arabe de Palestine le paradoxe d'une situation neuve à caractère durablement colonial. Sans son avis, de par les décisions des grandes puissances occidentales, une grande partie de ses territoires, de son lieu de patrie devenait le lieu national, la patrie, l'État d'une autre population fort minoritaire.

Il n'est pas question de mettre en doute, moins encore en question, l'irréversibilité évidente de la nation, de l'État d'Israël, mais il est indispensable de définir aujourd'hui avec exactitude et dans cet esprit-là, dans quelles conditions il fut créé et quel fut alors le point de vue des Arabes de Palestine, aujourd'hui Palestiniens – ou des Arabes demeurés en Israël. Cette genèse doit être reconnue, discutée et plus que jamais prise en compte, ce qui n'a pas été fait, qui ne l'est toujours pas et qui, pourtant, ne saurait nuire à Israël, dont les droits sont aujourd'hui évidents (comme ceux des Palestiniens), mais dans leurs limites et pas tous les droits ni leur transgression. Irréversible ne signifie pas forcément irréprochable et c'est le propre de tout pays de voir sa politique discutée, voire réprouvée, à tort ou à raison.

L'existence d'Israël est, comme celle de la Palestine, sacrée, irrévocable, ses droits inaliénables, ceux d'un pays adulte, homologué et ce serait lui manquer de respect de lui donner raison en toutes circonstances, inconditionnellement, comme d'exiger envers lui cette mansuétude, cette indulgence aveugles souvent accordées aux enfants et aux amateurs.

Le bien-fondé ou non de sa politique n'a rien à voir avec l'inviolabilité de son existence. La critique éventuelle de sa politique, de ses gouvernements n'entend pas effacer, supprimer, menacer Israël, mais au contraire prendre, comme il est naturel, ce pays au sérieux, le traiter comme le pays réel qu'il semble encore parfois douter d'être, à attendre ainsi de tous une approbation perpétuelle à laquelle aucune nation ne saurait prétendre. Les insultes si longtemps et en abondance déversées sur les juifs, est-ce elles que les Israéliens et bien des ressortissants juifs d'autres pays perçoivent à la moindre critique relative à la politique israélienne ? Ou bien est-ce un moyen de ne pas y répondre ?

C'est pourtant à l'intérieur de la démocratie d'Israël, que l'on entend et que peut se tenir, en particulier chez les « nouveaux historiens », un discours libre, souvent opposé aux mythes fondateurs, à la politique, à l'esprit, voire aux idéologies des dirigeants, mais ne mettant pas une seconde en question la pérennité désirable, indispensable et certaine de leur patrie : désireux, au contraire, de donner plus de solidité à sa structure et de lui permettre d'atteindre à la paix.

Un certain trait de caractère de Theodor Herzl semble souvent imprégner ce pays d'Israël où il n'a jamais vécu, qu'il n'a abordé, furtif, que sous l'empire ottoman et qu'il n'a pas alors aimé, auquel il acceptait, à la fin de sa vie, de préférer l'Ouganda ; trait de caractère remarqué par Leev Jabotinski[1], pourtant longtemps son partisan :

1. Leev Vladimir Jabotinski, né à Odessa, fut un grand leader sioniste de droite, voire d'extrême droite ; il fut un précurseur du Likoud, et l'auteur d'un livre au titre prémonitoire : *La Muraille de fer*, vol. 2 des *Œuvres complètes*, Jérusalem, Ari-Jabotinski, 1959.

« Celui qui critique son objectif ou ne fait que blâmer certaines mesures prises par lui, est tenu pour l'ennemi non seulement du sionisme, mais du peuple juif tout entier. » Aujourd'hui, tout interlocuteur non thuriféraire de la politique gouvernementale israélienne se voit le plus souvent taxé d'antisémitisme, et, s'il est juif, accusé d'être victime de la « haine de soi » – ce qui revient précisément à nier le droit d'Israël à exister pleinement, tel un pays parmi d'autres, aux conduites, à la politique non sacralisées.

Syndrome de l'exclusion, malgré ses attributs nationaux, sa grande puissance militaire, il a toujours manqué à Israël (et il lui manque encore) la certitude foncière d'être ce pays homologué, cette nation avérée, qu'elle est d'évidence – comme si, perçu à sa place, demeurait le juif incriminé au cours de tant de siècles, persécuté sans recours, sans arme, sans structures, victime d'une Europe aujourd'hui confondue avec un Proche-Orient où la place d'Israël est pourtant, au contraire, celle d'une puissance officielle. D'où confusion immédiate avec l'antisémitisme de toute critique politique d'Israël, de toute désapprobation conjoncturelle de son gouvernement – qui pourtant ne représente pas « les juifs », mais les citoyens israéliens juifs et arabes de l'État d'Israël et non les juifs citoyens d'autres pays.

Toute expression, toute manifestation antisémites sont intolérables, tangentes au criminel, mais cette critique conjoncturelle d'une politique, critique admise à l'égard de la politique de tout autre pays, n'entre en rien dans cet ordre et fait au contraire partie des attributs d'un pays, de la reconnaissance évidente et démocratique de l'espace dont il est responsable. Jean Daniel décrit la méprise de ceux qui, « infidèles, selon moi, au message d'Auschwitz [...] ne font pas la distinction entre les barbaries dont ils ont été les victimes simplement parce qu'ils étaient nés et parce qu'ils existaient, et les vicissitudes qu'ils rencontrent en raison de ce qu'ils font, librement et souverainement. Pour la première fois depuis deux mille ans, les Israéliens sont maîtres de leur destin national ».

Israël *est* un pays de plein droit. Ce serait en douter que de le ménager comme pour conforter chez lui une confiance en soi défaillante, une inquiétude quant à la réalité de sa réalité. Mais aussi en raison de sa peur : celle, justifiée, d'un si petit État implanté dans une région hostile. Une région dont Israël a toujours semblé vouloir se dissocier, comme redoutant toute confusion possible entre son peuple et les autochtones avec qui ce peuple allait cependant partager le même air, les paysages et le climat. Le temps. Mais tout en acceptant pour seul modèle la civilisation dont son peuple était pourtant venu ici se protéger, mais qui était en vérité la sienne. Au Proche-Orient, cependant, aucun rapprochement fondamental ne semble avoir été envisagé. On en est toujours resté sommairement à ce que le général Moshe Dayan exprimait en 1956, dans un constat inattendu : « Il nous faudra toujours combattre les Arabes car nous avons pris leur terre. »

Pourquoi, à partir de ce constat du général lui-même,

certain que les siens avaient eu raison et des raisons, de bonnes raisons d'arriver en cette terre et d'y tenir leur rôle, pourquoi ne pas avoir (et dès le début) tenu compte de cette opinion de Dayan et n'avoir pas discuté en fonction d'elle avec les Arabes ? Ce n'était pas chose aisée, mais le silence, les non-dits adoptés l'étaient-ils davantage ? Pourquoi ne pas avoir intégré dans les échanges le point de vue palestinien et ne pas avoir alors développé celui d'Israël, ce qui ne fut pas fait non plus ? Pourquoi les sionistes, puis les Israéliens, n'ont-ils jamais tenté de se montrer aux Arabes, puis aux Palestiniens, tels qu'ils étaient dans leur détresse passée, dans leur désir, leur histoire récente, dans leur humanité, tout en appelant leurs adversaires à en faire autant, à transgresser la fatalité apparente de la situation ? C'eût été parler, entendre et juger qu'il valait la peine de tenter de se faire comprendre au lieu de n'admettre qu'une capitulation, d'ailleurs inaccessible. C'eût été se démarquer du caractère colonial de l'entreprise.

Entreprise néo-coloniale d'étrange sorte car il s'agirait ici d'une colonie sans métropole, sans pays originaire où les colonisateurs pourraient éventuellement retourner. La métropole et les lieux colonisés formeraient un seul et même territoire. Cet espace deviendrait lui-même la métropole, et les colonisateurs ne seraient plus greffés sur des régions demeurées étrangères ; ils feraient un avec lui, devenu officiellement leur et eux totalement et uniquement affilié à lui, sans aucune autre terre fondatrice, matricielle où se replier. Leur unique foyer serait celui-ci, conquis sur une population très majoritaire – d'où l'exaspération de leur propre anxiété.

Il ne s'agirait pas cette fois de la projection d'une puissance en quête de richesses et d'expansion, mais d'un ensemble d'Occidentaux pauvres (cependant financés), partout mis aux abois et venus se forger un autre destin, une identité neuve, un statut nouveau, une patrie, le tout alloué avec condescendance et aux dépens d'« indigènes » par des Occidentaux ravis d'estimer alléger leur conscience par le biais d'une forme de « repentance » qui n'impliquait pas (et qui même dégageait) leurs sols nationaux.

C'est d'ici, de cette source occultée, que part ce drame où chacun a raison, où le machiavélisme déferle et ne trouve pas prise, où seul pourrait agir ce qui ne se dit pas, que l'on empêche de prononcer.

Il va sans dire que pour les pionniers sionistes n'existait que l'évidence d'un bouleversant retour au pays ancestral, la certitude audacieuse d'être dotés d'un droit historique sur les terres d'où les juifs avaient été chassés par les Romains des millénaires plus tôt, sans y être jamais revenus depuis. Impressionnante proposition d'ordre légendaire, mais qu'en serait-il s'il devenait général et coutumier de refonder la géographie politique en fonction des temps et des frontières antiques ?

Il est difficile de ne pas comprendre, cependant, le réconfort, l'apaisement et même une sensation de sérénité, de foi, de force, de certitude inflexible suscitées par cet espoir et par la beauté d'une solution permettant d'en finir avec l'infinie détresse, l'injustice séculaire qui sous-tendaient leurs revendications et de ne pas concevoir l'idéal ainsi représenté – et d'ailleurs aussi l'idée fixe qui pouvait en procéder. Toujours, à propos du drame israélo-palestinien, il faut comprendre l'émotion sincère, fondée, justifiable de chacun des opposants, aucun d'eux n'étant réellement à la source des écueils où ils se débattent, piégés ensemble dans un processus dont, malgré les apparences, aucun d'eux n'est à la clé et moins encore ne la possède séparément.

Néanmoins, il faut bien constater qu'il ne serait venu à l'esprit de personne l'idée de seulement suggérer, a fortiori de projeter le rétablissement d'une souveraineté des Aborigènes sur leur territoire australien ou la restitution par les Blancs, de New York, Chicago, Washington ou Montréal aux survivants amérindiens, dont les droits sur ces terres remontent pourtant à des milliers d'années ; leurs religions, leurs civilisations y ont leurs origines et s'y sont déployées durant ces millénaires. En revanche, l'interruption féroce de leur destin, leur spoliation absolue, le retrait arbitraire et radical de leurs droits sont de date récente, surtout au regard des temps bibliques auxquels les sionistes faisaient référence à propos de la Palestine. C'est que, pour les Occidentaux, les peuples se divisaient entre ceux à qui ils reconnaissaient une Histoire et ceux qui, à leurs yeux, n'en avaient pas. Or, nulle Histoire n'est aussi emblématique, avérée, essentielle et captivante que celle des Hébreux, dont se réclamaient les sionistes.

Aux yeux des grandes puissances, ces mêmes juifs, traités par elles et chez elles en parias, devenaient, une fois à distance, des Occidentaux, des Blancs supérieurs aux « indigènes » et, par là, détenteurs de droits naturels sur eux. D'autant que le sionisme, intimement lié à l'Occident dont il était issu, entendait, selon Max Nordau, « étendre à l'Euphrate les limites morales de l'Europe ».

Ainsi, dans le projet sioniste, axé à la fois sur la Bible et sur le rejet allant jusqu'au génocide des juifs en Europe, les Arabes avaient été comptés pour rien. L'espoir suscité était d'une telle puissance qu'il en devenait aveuglant, si bien qu'une fois sur place les nouveaux arrivés scotomisèrent la présence arabe au point de *ne pas la voir* ou de croire ne pas la voir et de s'en persuader, allant jusqu'à réclamer de façon récurrente et selon une très belle, très efficace, mais des plus inexactes formules : « Une terre sans peuple pour un peuple sans terre[1]. »

Caprices du regard occidental, classique « invisibilité » des autochtones ! Selon la formule enfantine, ces derniers comptaient une fois de plus « pour du beurre » et, s'ils figuraient dans le décor, ils ne s'inscrivaient pas pour autant dans le paysage mental d'observateurs occidentaux intéressés à occulter cette vision dérangeante. Or, même si sa surface n'était pas répertoriée comme celle d'une nation, la Palestine était bel et bien peuplée, bel et bien habitée et bel et bien épousée par une population fusionnée avec elle. « Vous savez à quel point les Arabes

1. Expression attribuée à l'écrivain anglais et juif, penseur et militant sioniste éminent, Israël Zangwill, mais parfois, alors antérieure, au philanthrope pro-sioniste Lord Shaftesbury.

s'accrochent même à une mauvaise terre », écrivait T.E. Lawrence à Sir Mark Sykes en 1917.

Dix ans plus tôt, en 1907, Yitzhak Epstein, écrivain d'origine russe, juif et installé en Palestine depuis 1886 (il avait alors vingt-quatre ans), constatait : « Nous nous occupons de tout ce qui touche à notre patrie; nous examinons et discutons toutes les questions qui la concernent; nous faisons la louange de tout ce qui s'y fait; nous avons seulement oublié un petit détail : le fait que sur notre terre bien-aimée vit une nation entière installée là depuis des siècles et qui n'a jamais envisagé de la quitter. » En ces temps où la Palestine était surtout rêvée de loin par les sionistes et idéalisée, où les véritables voyageurs étaient rares, où la presse ne couvrait pas toutes les régions, et moins encore en permanence, c'est la stupeur qui frappait les nouveaux venus, témoins de cette réalité, lorsqu'ils ne parvenaient plus à refouler ce dont ils refusaient la perception, ni à omettre, à exclure du champ de leur conscience ce qu'il était pour eux rassurant de nier. Shimon Peres rejoindra la pensée de Herzl, qui décrivait le fantasme comme une voie politique, moteur de l'Histoire, en estimant à propos de ces lacunes que l'« on ne peut concevoir de rêve quand on est trop bien informé ». Tant il est vrai que la passion crée souvent la réalité.

En 1911, c'est un journaliste, Yosef Luria, qui écrivait dans *Ha Holan*, journal de la Confédération sioniste : « Durant toutes ces années de labeur en Palestine, nous avons complètement oublié qu'il y avait des Arabes dans le pays. Nous ne les avons "découverts" qu'il y a quelques années. Nous avons prêté attention à toutes les nations d'Europe hostiles à notre établissement ici, mais non à un peuple qui réside dans ce pays et lui est attaché. L'attitude des Arabes face à notre arrivée n'a été que rarement mentionnée. C'est comme s'ils n'existaient pas. » Ce qui était classique en ces temps de colonisation banalisée. Moshe Sharret n'avait-il pas déjà rappelé en 1897 : « Nous avons oublié que nous ne sommes pas venus sur une terre vide, mais pour conquérir un pays contre un peuple qui l'habitait déjà et qui le gouvernait par sa langue, sa culture sauvage. »

Dès son arrivée en Palestine, en 1881, Eliezer Ben Yehuda, plus tard auteur d'un ouvrage au titre éloquent, *Le Rêve traversé*, et du premier *Dictionnaire de l'hébreu moderne*, avait, lui, aussitôt (et dans le plus grand désarroi) découvert les Arabes alors qu'ils montaient de plus en plus nombreux sur le bateau le menant à Jaffa : « Des hommes élancés, vigoureux, portant l'habit traditionnel fait de riches vêtements ornés. Tous manifestaient joie et gaîté, plaisantaient, s'amusaient, prenaient du bon temps [...]. Un sentiment déprimant de peur emplit mon âme comme si je me trouvais devant une muraille menaçante. Je perçus qu'ils se sentaient citoyens de ce pays, terre de mes ancêtres et moi, leur descendant, je revenais tel un étranger, fils d'une terre étrangère, d'un peuple étranger. Je n'avais sur cette terre de mes pères ni droit politique, ni citoyenneté. J'étais ici un étranger, un métèque [...]. Les citoyens de ce pays, c'étaient eux, ceux qui y habitaient. » Il ne s'y résignera pas.

Conscient de la présence des Arabes, Ahad Haam s'inquiétait dès 1891 : « Si notre peuple un jour se développe en Palestine en des proportions telles qu'il en chasse, dans une plus ou moins large mesure, les habitants autochtones, ces derniers ne se laisseront pas déloger sans grandes difficultés. » Inquiet du comportement des pionniers envers les Arabes, il s'écriera parfois : « Si tel est le Messie, qu'il vienne, mais qu'il me laisse en dehors de tout cela ! »

Une fois « découverte » et prise en compte, la présence arabe (dont Epstein estimait qu'elle n'avait « pas été oubliée mais cachée par les sionistes ») devenait, selon Israël Zangwill, un « problème duquel le sionisme n'ose pas détourner les yeux, encore qu'il veuille rarement lui faire face : la Palestine arabe a déjà des habitants ». Réalité évidente et prosaïque qui perturbait le grand rêve. Et qui bouleversa Yosef Brenner, romancier et journaliste plus tard assassiné près de Jaffa au cours d'émeutes arabes. Il projette dans un roman sa propre expérience à travers un personnage qui, après avoir imaginé la Palestine « comme une seule ville peuplée de juifs éclairés, entourée de champs à perte de vue, vides, vides, vides, n'attendant que nous pour venir les cultiver », découvre ce pays « qui appartenait déjà à des Arabes », et rend compte de « la douleur éprouvée par un Juif intelligent et malheureux, qui arrive ici désireux d'une vie différente [...] et qui réalise qu'il s'est trompé de rêve ».

Coûte que coûte, cependant, le but, le sens du rêve devaient être maintenus. Fervent idéologue sioniste,

Moshe Lilienblum ne se laissait pas ébranler, moins encore décourager : « La terre de nos aïeux aurait-elle adopté un autre peuple ? Elle est plus ou moins habitée par des Arabes ? Et alors ! Ne peut-on la leur racheter peu à peu ? » C'est ce qui sera fait très légalement, à prix fort honnêtes, non sans inquiéter, certes encore vaguement, bien des Arabes, ceux-là mêmes souvent qui, tombant volontairement dans le piège, cédaient leurs terres. Le consul allemand à Jérusalem, Heinrich Wolff, remarquait, à propos de ces nationalistes, qu'ils « fustigeaient l'immigration juive en plein jour, mais, dans l'ombre, vendaient leurs terres aux Juifs », cela non sans désespérer beaucoup de leurs congénères. Naquit alors dans la population arabe un esprit de révolte d'abord instinctif, mais qui irait s'accentuant et ne tarderait pas à s'organiser, toutefois sans l'énergie programmée de ses adversaires, sans leur génie stratégique. Sans la ferveur émanant d'un projet. Sur la défensive et non, comme les pionniers sionistes, dans l'élan.

Liée à la nécessité d'une intense immigration juive destinée à renverser l'écrasante majorité démographique détenue par les Arabes, cette acquisition des terres de Palestine était à la base du plan sioniste et préparée de longue date. Dès le 12 juin 1895, Herzl prévoyait dans son journal intime : « Nous devons exproprier en douceur, il faut essayer d'attirer la population démunie au-delà des frontières en lui procurant du travail dans les pays de transit et en empêchant qu'elle puisse en trouver chez nous [...]. L'expropriation et le déplacement des

pauvres doivent être accomplis avec discrétion et perspicacité. »

« Expropriation », « déplacement », autant d'euphémismes pour « expulsion », pour « transfert » et, comme toujours, c'étaient les plus pauvres qui étaient visés. Remarquons qu'à cette date, 1895, où l'édification des toutes premières colonies juives était à peine amorcée et sur un mode privé par des philanthropes, tels les barons de Hirsch ou de Rothschild, en ce temps où le sionisme n'était pas encore par Herzl institué, la Palestine, où il n'était encore jamais allé, qu'il connaîtrait si peu, n'en était pas moins déjà considérée par lui comme « chez nous » !

Il est vrai que, dès 1878, quinze ans plus tôt, Ahad Haam avait affirmé : « Nous prendrons aisément le pays à condition de le faire par la ruse, sans nous attirer l'hostilité des Arabes avant que d'être devenus les plus puissants et les plus nombreux », alors qu'en 1882, et « sur le tas », car installé depuis un an en Palestine, Eliezer Ben Yehuda, surmontant sa déception, avait écrit à son frère, demeuré à Vienne : « Il s'agit maintenant de conquérir le pays en secret, petit à petit. Nous ne pouvons le faire que dans la clandestinité, discrètement. Il nous faut agir comme des espions silencieux, nous devons acheter, acheter, acheter. » Et c'est lui encore qui, la même année, affirmera dans une lettre adressée à un ami de Vilna : « Il n'y a aujourd'hui [en Palestine] que cinq cent mille Arabes peu puissants et à qui nous prendrons aisément le pays, à condition de le faire par la ruse et sans nous

attirer leur hostilité avant que nous ne soyons devenus les plus puissants et les plus nombreux. »

Vingt-deux ans plus tard, en 1904, Menahem Ussishkin, responsable et dirigeant sioniste russe de la première heure, insistera toujours, avec d'autres : « Si nous ne sommes pas possesseurs de sa terre, la Palestine ne sera jamais juive [...]. Nous devons absolument déposséder les propriétaires actuels du sol. Pour l'heure, nous n'avons d'autre moyen que d'acheter ces terres avec le consentement des propriétaires actuels. Le rachat du sol doit devenir un de nos mots d'ordre. » Il l'était déjà.

Dès l'origine et même avant le début réel de leur implantation, telle était la volonté des sionistes, farouche, à jamais déterminée et qui persista, identique, sans jamais faiblir – ce fut sa force. La présence juive et cette volonté faisaient un, relayées par l'adhésion de sympathisants et de mécènes demeurés en Occident. Face à elles, la faiblesse des Arabes pris de cours et sans avertissement, sans signe officiel, tenait pour beaucoup à leur incapacité de percevoir d'emblée la nature, la puissance ou même, avec certitude, l'existence du projet qui les visait. Leur échappait, derrière l'activité immédiate mais lente et calme, derrière l'ampleur peu spectaculaire mais très efficace de cette entreprise, la gravité des résultats espérés par les conquérants du cadastre. Des conquérants acharnés, au point qu'en janvier 1943 Yitzhak Gruenbaum refusa de consacrer au sauvetage des juifs en Europe une partie des sommes du Fonds national juif destinées à des achats de terres arabes : « Le sionisme passe avant tout [...]. Il n'est pas question pour moi de demander à l'Agence juive d'allouer une somme de trois cents ou même de cent mille livres pour aider les Juifs européens. Et j'estime que demander une chose pareille c'est commettre un acte antisémite. »

Sur la défensive, les Arabes se trouvaient piégés. Hostiles, mais relativement passifs, ils demeuraient sans projet stratégique au sein de cette situation étrange où des nouveaux venus, eux-mêmes faibles, s'attaquaient à leur faiblesse dans un contexte où les deux parties se trouvaient soumises aux mêmes puissances dominantes. Car les sionistes, motivés comme on le fut rarement dans l'Histoire et en un sens, en leur sens, acculés à l'être, s'acharnaient à installer leur pays encore fantasmé sur un territoire arabe habité et, qui plus est, assujetti comme eux aux empires ottoman puis britannique, lesquels avaient la haute main sur tous, juifs et Arabes. Aucun de ces deux derniers n'avait le pouvoir politique, ils ne pouvaient ni les uns ni les autres rien instituer ou rejeter sans y être autorisés. Au cours de leur mandat, les Britanniques tentèrent souvent d'apaiser les deux parties en leur faisant à chacune des promesses contredisant celles faites à l'autre.

Habitants naturels de la Palestine depuis une quinzaine de siècles, les Arabes, malgré leur impressionnante majorité, se trouvaient dans une position de défense imprévue, improbable. Il leur fallait improviser – lorsque, toutefois, ils percevaient la menace après tout vague, non précisée et son sérieux, son ampleur. Leur réaction se traduisait par quelques émeutes, des attaques ponctuelles, sporadiques et dispersées, sans cohésion. Jusque vers les années 20, après la déclaration Balfour de 1917[1], ils ne furent point préparés dans leur ensemble à vouloir, savoir ou pouvoir se concerter, les plus puissants d'entre eux vivant, en général, hors de Palestine et surtout divisés, pire : obnubilés par ces divisions. En fait, ils se montrèrent, de bout en bout, incapables de se défendre et d'être aussi motivés pour le faire que les sionistes pour atteindre à leur but. Peut-être que, n'étant pas, eux, les ferments, les agents de ce projet, n'en étant pas réellement avisés, ils n'étaient pas réellement contemporain des événements en cours et demeuraient quelque peu étrangers à ce qu'ils ne percevaient pas encore.

Arabes et juifs avaient affaire à des puissances occidentales auxquelles toutes les décisions appartenaient. Or, la sphère occidentale était familière aux sionistes, qui en provenaient et lui étaient en somme affiliés; au contraire des Arabes, ils partageaient leur discours, leur logique, leurs sophistications, leur mode de pensée, leur culture, lesquelles étaient les leurs... et dont, de tant de façons, leur situation actuelle en Palestine résultait. Sur la défensive, mais sans motivation positive et sans objectif réel, sans intention commune ni projet d'appropriation... de ce qui était leur foyer naturel, comment les

1. Le 2 novembre 1917, le ministre des Affaires étrangères britannique, Lord Balfour, écrivit à Lord Rothschild : « Le gouvernement de Sa Majesté envisage favorablement l'établissement en Palestine d'un Foyer national pour le peuple juif. »

Arabes de Palestine pouvaient-ils réagir face aux sionistes avec la même conviction qu'eux, avec le même dynamisme permanent, conscient et planifié, porté par la puissance de l'utopie, axé sur un but unique, tangible, habité d'une idée fixe, d'une volonté constante, de la vision d'un avenir exaltant – autant d'élans issus d'une détresse réelle, de longues, inqualifiables épreuves, dont les autochtones en Palestine n'étaient en rien coupables, mais qu'il leur était enjoint d'expier ?

La plupart des terres palestiniennes en question appartenaient alors à de grands propriétaires, riches Arabes vivant le plus souvent ailleurs, sur le même continent, en des contrées arabes plus riches, voire en Europe. Elles étaient cultivées par des paysans pauvres, les fellahs, qui en étaient les métayers, les ouvriers agricoles, les journaliers et qui n'imaginaient pas en être chassés, certains d'être employés par les nouveaux tenants sionistes et de continuer à vivre au service des nouveaux propriétaires, au même endroit, dans les mêmes conditions, comme il en allait couramment en ces régions. Les petits propriétaires, lorsqu'ils cédaient leurs propres terres, se croyaient assurés, eux aussi, de rester sur place à les cultiver pour le compte des acquéreurs, sans doute en tant que métayers, puisque telle était la coutume en ces lieux où la propriété foncière ne s'entendait pas comme en Occident. La terre cultivée par le métayer était son lieu de résidence permanent, définitif ; les changements de propriétaire ne modifiaient en rien leur statut ni l'emploi de leurs salariés. Yitzhak

Epstein observait qu'en Palestine « le métayer n'est pas un résident de passage sur les terres qu'il a louées ; il y habite en permanence et ne change pas son lieu de résidence. Selon la coutume du pays, la terre passe d'un propriétaire à l'autre, mais les métayers restent en place. En revanche, lorsque c'est nous qui acquérons ces terres, nous en expulsons les propriétaires antérieurs ». Ils restreignirent aussi, puis supprimèrent, les emplois des ouvriers agricoles arabes.

Or, contrairement à l'opinion répandue, ces paysans pauvres étaient des cultivateurs aguerris. Après un séjour de quelques mois en Palestine, Ahad Haam déclarait en 1891 : « À l'étranger, nous avons l'habitude de croire qu'Eretz Israël est aujourd'hui une terre entièrement désolée, un désert sans culture [...], mais ce n'est nullement le cas. Dans tout le pays, il est difficile de trouver un champ qui ne soit cultivé. Seules les dunes de sable et les montagnes rocailleuses [...] ne le sont pas. » Tandis qu'Yitzhak Epstein insiste : « Aux alentours des agglomérations, on laboure même les pentes des collines [...], les paysans pauvres sèment entre les rocs, ne négligeant pas une toise de cette terre de montagne. »

Au début, la main-d'œuvre arabe plus expérimentée, très bon marché, fut en effet retenue et reçut même des salaires plus élevés qu'auparavant. Mais dès la deuxième *alyah*[1], à l'orée du XXe siècle, les travailleurs juifs furent

1. *Alyah* : terme désignant une vague d'immigration en Israël et qui signifie littéralement « montée ».

systématiquement préférés aux Arabes, qui se virent évincés par les colons (presque toujours avec des indemnités) en raison de la concurrence sur le marché du travail, mais aussi par souci stratégique afin de ne pas dépendre des autochtones, d'amorcer le divorce de ces derniers d'avec leur terre ; il s'y ajoutait encore des raisons politiques plutôt paradoxales : socialistes la plupart, les sionistes jugèrent qu'employer des Arabes à si bas prix, c'était les exploiter, aussi... ne les employèrent-ils plus ! Ce qui permit aux pionniers de mieux se « régénérer » par des travaux agricoles, même si, dans leur ensemble, ils n'y brillaient guère, amateurs débutants ignorant tout de l'agriculture, ne connaissant rien à la terre, moins encore à celle-là. Certains résistèrent, les plus convaincus, les plus âpres, même si leurs conditions de vie étaient des plus dures, ascétiques au plus haut point, si les marais et les fièvres étaient souvent leur lot ; même si leurs salaires, supérieurs à ceux des Arabes, demeuraient néanmoins misérables surtout comparés à ceux de l'Occident ; même si leur lutte contre le découragement devenait permanente, au point qu'une immense majorité des immigrants de la deuxième *alyah* ne résistèrent pas et retournèrent dans leurs pays d'origine, ou se dirigèrent vers les États-Unis. Au même moment, les fellahs sans travail, de plus en plus nombreux à se trouver séparés de leur terre, basculaient de la pauvreté dans la misère, déracinés sur leur propre territoire, souvent contraints de rejoindre les miséreux de leur sorte concentrés autour des villes.

La question n'était pas seulement économique pour les autochtones, elle touchait à la substance même de leur vie. Très pauvres, les fellahs étaient d'autant plus fusionnés à leur terroir, indéfectiblement attachés à leur milieu. Plus démuni se trouve un être humain, plus lui sont essentiels son habitation, le sol qu'il foule avec les siens ; il ne possède et n'espère rien d'autre. Il ne dispose de rien pour le distraire de ses liens avec son point d'ancrage, de rien pour les compenser, moins encore les remplacer. Il ne détient au monde que l'usage, la pratique, les limites de cet espace-là. Son intimité avec le sol, le climat, fussent-ils des plus ingrats, sa fusion avec son labeur, son voisinage, ses coutumes incluant des croyances, représentent ses seuls biens, ses seules références, des entités qui, par nature, lui appartiennent et sans lesquelles il reste dépouillé, alors que sa précarité rendra sans doute définitive son éviction, son éloignement et les séparations, la déchéance qu'ils impliquent. Il ne s'agit pas ici d'un concept conservateur lié à la terre, mais d'une absence de choix : ces paysans arabes ne disposaient d'aucune nouvelle option, alors qu'ils se voyaient privés de l'unique mode de vie qui leur était possible. Et d'un mode de vie depuis longtemps ancré.

Ces villages qu'ils eurent si souvent à quitter, et plus dramatiquement par la suite, ces villages dont on sait que certains furent plus tard détruits, voici la description officielle de l'un d'eux, enregistrée par l'administration israélienne, qui en prenait possession en 1948 : « Pour autant que nous puissions en juger la surface des terres cultivables est considérable, de l'ordre de plusieurs centaines d'hectares. Les terres ont été cultivées pendant de nombreuses années par les habitants du village. Les maisons sont entourées de vergers, d'arbres fruitiers et d'oliveraies qui permettront d'assurer la subsistance des futurs colons [...]. Dans l'ensemble les bâtisses sont bien construites et ne nécessitent aucuns travaux d'importance. Chaque maison a son puits d'eau potable et la proximité de la principale canalisation d'eau de Jérusalem permet un éventuel approvisionnement supplémentaire. Il n'y a pas de sanitaires modernes, mais on peut en installer. Le village possède des locaux communaux, une école, un bâtiment public abritant des institutions, etc. »

Il se trouve que *ce village était celui de Der Yassin*, dont on connaît la sombre histoire. L'administration projetait d'y installer : « 1) D'une part des exploitations familiales, sur une parcelle d'un demi-hectare partagée entre un potager et un verger. Chaque colon élèverait en outre 500 à 1000 poules. 2) Dans le centre du village, les ateliers et stocks de matériaux des artisans, qui travailleraient pour la population locale ainsi que celle de Jérusalem. Les deux groupes de colons peuvent s'élever à quelque 150 à 200 familles, soit 50 unités d'habitations avec exploitations familiales, le reste en simples logements. »

On a beaucoup avancé que la Palestine, d'abord partie de l'empire ottoman, puis sous mandat britannique, ne formait pas alors un pays, ni ses habitants un peuple. Erreur, car pour les Arabes y vivant depuis des siècles, il s'agissait bien là d'une patrie au sens réel, au sens vital du terme et d'un sentiment viscéral, qui ne nécessitait pas d'hymne, de drapeaux, de Constitution, ni même d'une appellation spécifique, pour leur être fondamental comme la respiration.

Certains sionistes en étaient conscients, tel Yitzhak Epstein, qui, toujours en 1907, comprenait que : « Les Arabes, comme tous les hommes au monde, sont profondément attachés à leur patrie et par des liens très forts ; plus ils sont restés primitifs, plus étroite est leur version du monde, plus fort est le lien qui les attache à leur pays et à leur terroir [...]. Ils sont liés à leur terre natale par toutes sortes de liens et par celui, particulièrement précieux, que représentent les tombes de leurs aïeux. » Or, ces mêmes Arabes voyaient arriver « l'invasion » (c'était leur expression) d'une autre population qui, de la seconde moitié du XIXe siècle à la moitié du XXe, allait prendre plus ou moins insidieusement une ascendance croissante sur la Palestine dont elle entendait, c'était manifeste, acquérir le contrôle et celui de ses habitants. Ces derniers, si démunis, si peu autonomes, possédaient pourtant ce dont les sionistes étaient privés, dont ils étaient en quête : ils vivaient traditionnellement et sur un sol stable, l'air qu'ils respiraient ne leur était pas contesté. C'est à cette symbiose que les sionistes voulaient atteindre, mais eux en souverains. Malgré leur sens si profond, si tenace et douloureux de la valeur d'une patrie, les sionistes, en bons Occidentaux certains de leur supériorité, de leur sagesse et de leur savoir sans pareils, furent d'abord (et demeurèrent) indignés par la résistance arabe, n'accordant pas à ces « natifs » des sentiments comparables aux leurs. Ils n'en étaient pas moins stupéfiés de les voir ne pas se plier avec zèle, ne pas répondre à leurs revendications d'ordre biblique, ne pas sacrifier à leur protection contre la cruauté des pogroms russes, puis à la réparation de l'horreur perpétrée en Europe par des Européens sur des Européens juifs. Bref, ils ne comprenaient pas qu'on ne les comprenne pas, et moins encore que, sans qu'il soit même question de les comprendre, une population par essence subalterne n'obéisse pas à leurs certitudes d'Occidentaux éclairés.

Ils étaient, au même temps, sincèrement persuadés que ces Arabes, espérés absents puis fantasmés tels, renonceraient rapidement et « pour leur bien » à leur place en Palestine, heureux de cohabiter sous la dépendance de maîtres plus avancés. Ils les projetaient bientôt convaincus des bienfaits indispensables apportés par une culture européenne, une modernité tout occidentale, par l'apport aussi de capitaux provenant du Fonds national juif, par une introduction de *la* civilisation de référence en des terres arriérées.

Une fois acculés à tenir compte des autochtones, les sionistes furent certains que cette implantation au Proche-Orient avait auprès d'eux valeur de mission. Un classique du syndrome colonial, qui, ne l'oublions pas, était alors, de la droite à la gauche en Europe, considéré comme la norme. Rien de plus admis que cette mainmise donnée pour une contribution généreuse, caritative, pour la promesse de prospérer de concert avec les peuples asservis.

Ces peuples qui, dans leur ingratitude, se montraient le plus souvent aveugles, hélas, à leur propre intérêt.

Au fond d'eux-mêmes, néanmoins, les colons juifs éprouvaient aussi l'impression cauchemardesque de former une fois de plus une minorité non désirée. S'il est vrai que les colonisateurs occupaient toujours en minorité les pays annexés, c'était avec à l'arrière une métropole, sa toute-puissance, dont ils étaient les délégués. Forts d'une identité, d'une nationalité homologuées, jugées supérieures, ils ne les devaient en rien aux pays qu'ils dominaient à seule fin de les exploiter et d'en user stratégiquement.

Le but des sionistes, en revanche, n'était pas de conquérir des suppléments de richesses et de puissance au bénéfice d'une métropole, mais, une fois établis en des lieux revendiqués comme ancestraux, d'acquérir à travers eux cette nationalité, ce statut qu'à leurs yeux seule la Palestine devenue Israël pouvait leur conférer. Elle ne tiendrait pas alors le rôle d'un appendice de quelque grande puissance, mais deviendrait elle-même leur pays initial – leur État, et souverain. Face à ce projet d'investissement total, fusionnel, la population indigène prenait des allures de parasite, de rivale et, paradoxalement, d'intruse – alors qu'aux yeux de colons conventionnels, elle aurait fait figure de plus-value sous forme d'un ensemble humain qui, attaché au décor, eût promis d'être exploitable à l'infini. Il ne s'agissait pas cette fois d'exploiter la population, mais de s'y superposer, ce qui revenait à s'y substituer, à la supplanter.

Les plus politisés parmi les Arabes ne s'y trompaient pas : ils percevaient le jeu, les enjeux en cours et tentaient de mettre en garde les leurs, comme dans cet « Appel général aux Palestiniens » paru, anonyme, en 1914, et qui les adjurait : « Ayez pitié de votre terre et ne la vendez pas comme de la marchandise [...], laissez au moins à vos enfants le pays que vos pères vous ont laissé en héritage [...]. Voulez-vous devenir les esclaves, les domestiques des sionistes venus vous expulser de votre pays, affirmant qu'il est le leur ? »

La dynamique sioniste allait, en effet, en ce sens. Son objectif n'avait jamais été autre que la création d'un *État* juif, même si, dans les déclarations, les documents officiels, il n'était fait mention que du projet prudent et pudique d'un « *Foyer* national juif » en Palestine, comme, en 1897, dans les conclusions du premier Congrès sioniste, à Bâle, ou, en 1917, et rédigée par les Britanniques, dans la déclaration Balfour, qui annonçait vouloir accorder aux juifs ce timide « Foyer national », toujours en Palestine. Mais cela pouvait-il faire illusion lorsque circulait l'intention des pionniers de « faire de la Palestine un pays aussi juif que l'Angleterre est anglaise » ?

En fait, c'est étrangement David Ben Gourion qui reconnaissait en 1936, à propos des Arabes de Palestine : « Ils voient une immigration de très grande envergure [...]. Ils voient les Juifs renforcer leur position économique [...]. Ils voient les meilleures terres passer entre nos mains [...]. Ils voient l'Angleterre s'identifier au sionisme... Ils ne redoutent pas la perte de territoire, mais celle de la patrie du peuple arabe, que d'autres veulent transformer en patrie pour les Juifs. » Moshe Sharett estimait, lui, qu'il n'existait « pas un seul Arabe qui ne soit meurtri par l'arrivée des Juifs dans le pays ». Conclusion de Ben Gourion, des plus franches et des plus réalistes : « Il s'agit d'un conflit fondamental [...]. Chacun de nous veut la Palestine. »

Lorsqu'en 1937 la Commission royale Peel, britannique et présidée par Lord William Robert Peel, proposa le partage du pays, les sionistes s'empressèrent d'accepter ce que les Arabes refusèrent avec véhémence. Or, le partage semblait avantageux pour ces derniers, les sionistes n'obtenant que 20 % du territoire. Les Arabes, puis les Palestiniens, furent taxés de maladresse, de mauvaise volonté, d'une intransigeance irresponsable à partir de cet exemple et le furent désormais dans bien d'autres cas plus ou moins analogues. C'est que l'on prenait pour point de départ un fait estimé acquis, mais qui ne l'était pas pour eux : qui représentait, au contraire, leur souci essentiel et qui n'avait pas été discuté. Ils n'avaient aucune raison de tenir le principe d'un droit des sionistes sur leur terre comme évident, alors qu'ils avaient au contraire pour objectif de le refuser ! Mais leur droit de refuser était regardé comme irrecevable. Qu'ils aient eu tort ou raison, nul n'envisageait de discuter avec eux du bien-fondé ou non de leur refus, d'avance annulé. Leur point de vue était tout bonnement ignoré. Une lacune très grave et qui allait se perpétuer, faussant tout échange réel, toutes négociations.

Car c'était le fondement même de leur position qui était là d'emblée rejeté, puisque, sans laisser place à la discussion, on estimait comme un préalable acquis le principe d'un partage qu'ils refusaient. Ce qu'eût signifié un acquiescement arabe se mesure à l'extase de Ben Gourion devant ces mêmes propositions en apparence défavorables aux siens : « Une chance que nous n'avons même jamais osé imaginer dans nos rêves les plus fous. » Voilà qui justifie tout de même leur rejet par ses adversaires ! Sir George Rendel, directeur du Département oriental du Foreign Office, n'en estimait pas moins que : « Les Juifs ont abattu leurs cartes avec un doigté extraordinaire », tandis que les Arabes « s'y sont pris si maladroitement que je me demande parfois si des agents juifs n'opèrent pas au sein de leur camp ».

Pourtant, si les Arabes étaient, en effet, maladroits sur bien des points, Rendel aurait pu admettre qu'ils étaient aussi perspicaces, ici, que l'était Ben Gourion, car la Commission Peel avalisait la position sioniste en lui offrant la chance d'entrer dans un engrenage favorable, lequel, enthousiasmant le leader sioniste, n'avait rien pour séduire les partisans de la cause adverse pour qui le problème n'était pas les proportions d'un partage, mais le principe même d'une partition.

Les sionistes ne s'y étaient donc pas trompés (non plus que les Arabes, mais en sens opposé). Très naturellement, ils firent fête « avec un doigté extraordinaire » à la proposition Peel ! Chaïm Weizmann (plus tard le premier président de l'État d'Israël) estima que « les juifs seraient fous de ne pas accepter cette proposition, même si elle ne devait pas dépasser la surface d'un mouchoir de poche », tandis qu'à propos de cette première proposition de partage, Ben Gourion écrivait à son fils Amos le 5 octobre 1937 : « Ce n'est pas une fin, mais un commencement [...]. Le territoire n'est pas seulement important en soi [...], il représente un gain de pouvoir, qui nous permettra de mettre plus facilement la main sur *la totalité de la Palestine*[1]. L'établissement d'un État même petit fera effet de levier et nous aidera grandement dans nos efforts historiques pour récupérer *la totalité du pays*[2]. »

La commission préconisait le transfert d'une partie de la population arabe vers d'autres terres, ce que les sionistes n'avaient jamais osé envisager concrètement. David Ben Gourion écrivait toujours à son fils : « Nous n'avons jamais souhaité déposséder les Arabes. Mais puisque l'Angleterre leur accorde pour leur État une partie du territoire qui nous avait été promis, le transfert en zone arabe de ceux qui vivent sur notre territoire n'est que justice. »

---

1. C'est nous qui soulignons.
2. C'est nous qui soulignons. Dix ans plus tard, le 28 novembre 1947, après le vote des Nations unies relatif au partage officiel de la Palestine, qui homologuait ce dont il avait tant rêvé, ce pour quoi, avec tant d'autres, il avait tant lutté, le même David Ben Gourion écrirait dans son journal, deux jours après ce triomphe, qu'en écoutant la foule en liesse il s'était senti lui-même partagé : « La joie se mêlait à la tristesse. La joie parce que les autres peuples nous avaient enfin reconnus comme une nation pourvue d'un État et la tristesse parce que nous avions perdu la moitié du pays, la Judée et la Samarie et qu'en outre nous allions avoir 400 000 Arabes dans notre État » (Benny Morris, *Victimes*..., *op. cit.*).

Cette idée d'un transfert, jamais officiellement émise mais souvent envisagée par les sionistes, Herzl en premier, fut spontanément privilégiée par la Commission Peel. Ravi de voir une telle éventualité proposée par les Anglais et non par les siens, Ben Gourion confiait à son journal, le 12 juillet 1937 : « Le transfert de force des Arabes [...] pourrait nous apporter ce que nous n'avons jamais eu même au temps de la souveraineté juive, à l'époque des premier et deuxième temple. Même dans nos rêves les plus fous, nous n'aurions pas osé espérer une telle opportunité. » En août, il déclarerait au vingtième Congrès sioniste, à Zurich : « Le transfert [...] rendra possible la réalisation d'un programme global de colonisation. » L'année suivante, au cours d'une réunion des dirigeants de l'Agence juive, il confirmerait : « Le transfert obligatoire nous apporterait une immense région. Je suis en faveur d'un transfert obligatoire et n'y vois rien d'immoral. » Arthur Rupin, important dirigeant sioniste, venu d'Allemagne, d'insister alors : « Je ne crois pas au transfert d'individus, je crois au transfert de villages entiers. » La Commission Peel n'eut pas de suite mais, en 1944, Ben Gourion affirmait encore ne rejeter le principe de transfert « ni moralement [...] ni politiquement ».

Pourquoi les Arabes auraient-ils dû par diplomatie accepter ce dont ils avaient, eux aussi, l'intuition et qui les menaçait de ce que précisément ils redoutaient ? Était-ce à ce point acquis d'avance ? Étaient-ils à la fois butés et naïfs en ne s'inclinant pas devant des arguments qui n'avaient rien pour les toucher, mais, au contraire, les condamnaient, ou bien étaient-ils clairvoyants, certes acculés, mais résistant à ce qui, selon David Ben Gourion, devait permettre aux sionistes de « mettre la main sur la totalité de la Palestine » ? Devaient-ils s'estimer déjà vaincus par les puissances adverses et participer à la mise en route d'un partage dont ils refusaient le principe et qui devait permettre aux sionistes de « récupérer la totalité » de ce dont, eux, les Arabes, refusaient d'être dépossédés ? Leur point de vue n'était pas considéré ; il n'était pas admis qu'ils ne se soumettent pas à ce qui leur était imposé et qui, pourtant, faisait diverger le sens de leur Histoire.

L'impasse s'inscrivait, où seraient conduits d'une part les sionistes estimant les juifs non seulement désireux mais contraints d'atteindre à ce qu'ils considéraient comme leur unique issue, leur seul refuge contre l'hostilité de l'Occident (dont ils faisaient partie), comme leur seule voie vers une dignité patente, une identité plénière, et, d'autre part, les Arabes de Palestine, certes à première vue contraints par les immigrants juifs, mais, à l'origine, par cette malveillance antisémite européenne et séculaire, qui était allée jusqu'au génocide.

À la racine et responsable du conflit, bien davantage que la haine : le mépris. Mépris tragique des juifs par tant d'autres Occidentaux, mépris des mêmes Occidentaux (juifs inclus) pour les populations indigènes des pays sous tutelle, comme la Palestine. Et, d'ailleurs, mépris des juifs par les populations arabes : « Les Arabes musulmans détestent moins les Juifs qu'ils ne détestent les autres musulmans, mais ils les méprisent plus que toute personne au monde. » Mépris qui avait conduit les gouvernements des grands pays occidentaux à persécuter ou à laisser persécuter en Europe ceux dont ils devenaient ici et bien tard les protecteurs soudains.

Or si, dès le début du sionisme, Juifs et Arabes s'étaient trouvés subordonnés aux mêmes puissances (sous la coupe de l'empire ottoman, puis d'un mandat britannique), les soumissions auxquelles, en Palestine, les autochtones s'étaient résignés lorsqu'elles étaient imposées par des puissances majeures, leur paraissaient bien moins incontournables, plus humiliantes et surtout moins tolérables, provenant d'une population comme eux dominée, rejetée, qui connaissait, elle aussi, brimades et outrages et qui ne se situait guère au-dessus d'eux dans la hiérarchie internationale en cours. « Pourquoi », demandait déjà le sultan Abdulhamid II, quelques années après la visite inutile de Theodor Herzl, maintenant décédé, « devons-nous accepter ceux que les Européens éclairés ont repoussés et expulsés de leurs propres pays » ?

Réduits dès le début dans le synopsis sioniste à faire de la figuration, à devenir les fantômes des Européens dont il leur était réservé d'endosser le passé coupable, nous avons vu les Arabes de Palestine, à l'indignation générale, ne pas jouer le jeu. On avait pourtant compté sur eux pour s'incliner, dociles, devant leur devoir de rédimer les crimes perpétrés en Europe. En bons indigènes, n'auraient-ils pas dû savoir se comporter à l'égard des grandes puissances en serviteurs stylés, dépendant des seuls soucis, des intérêts, des ordres de leurs maîtres et vivant en fonction d'eux, sous leur coupe et sans ego ?

Or, au moins autant que de la ferveur, de la persévérance sioniste, l'établissement de l'État d'Israël résultait de la décision de ces grandes puissances. Quelle mouche avait donc piqué une population déjà sous tutelle, qui prétendait s'y opposer ? Le consentement de natifs à la création sur leur territoire d'un État souverain étranger n'aurait-il pas dû aller de soi ? Pour ces grandes nations, il tombait sous le sens que leur condescendance à l'égard de juifs autorisés à faire leur toute une part de la Palestine ne pouvait qu'être acceptée avec gratitude par les autochtones auxquels on avait, qui plus est, la délicatesse de concéder une partie de leur propre pays.

Et puis, enfin, ces Arabes n'avaient-ils pas de cœur ? N'étaient-ils pas aussi consternés que les Européens devant les souffrances créées par ces derniers ? Ne comprenaient-ils pas qu'il était dû réparation aux juifs ainsi martyrisés (ce qui était vrai) et qu'il n'y avait pas de place en Occident pour cette réparation (ce qui était faux) ? Manquaient-ils à ce point de compassion ? Étaient-ils à ce point des sauvages ? Et, s'ils étaient à ce point des sauvages, n'apercevaient-ils pas l'immense avantage pour eux d'accueillir des Européens civilisés capables de « faire fleurir leur désert » ? La Palestine comptait depuis toujours un petit nombre de juifs autochtones très religieux, savants et pieux étudiants du Talmud, qui vivaient pauvrement, chichement assistés par la Diaspora juive et se montraient fort humbles face au mépris permanent des Arabes et fort peu capables de faire fleurir quoi que ce soit, sinon d'intenses et souvent profondes méditations. D'où la surprise, le désarroi arabes à découvrir des pionniers juifs au caractère résolu, se conduisant en maîtres, au moins d'eux-mêmes, et ne parvenant pas à dissimuler leur projet de le devenir d'eux. Projet perçu par les Arabes non comme celui d'une domination nouvelle, mais d'une usurpation.

D'autant que si, en toute bonne conscience occidentale et dès la seconde moitié du XIXe siècle, les sionistes avaient entrepris de s'établir – dans le but de se l'attribuer ou de se le voir attribué – dans un pays non occidental et déjà soumis – mais comme eux et avec eux à la même domination –, nous savons qu'ils n'atteindraient leur but qu'en 1948, soit moins d'un an après l'émancipation de l'Inde, et précisément à l'heure où ces procédés, que ne supporterait bientôt plus aucun peuple, allaient être progressivement abolis partout dans le monde. Leur entreprise se trouverait, dès lors et aussitôt, nous l'avons vu, au bord de l'anachronisme.

De tels bouleversements politiques, de telles émancipations en gestation bien avant leurs avènements, faisaient partie de l'air du temps et, fût-ce inconsciemment, elles imprégnaient, sans aucun doute, déjà les esprits. Aussi, tandis que l'Histoire planétaire tendait vers la fin de l'ère coloniale, on peut imaginer les Arabes percevant ce paradoxe, mais aussi mesurant intuitivement la faiblesse réelle des immigrés juifs, quels qu'aient pu être leur courage, leur détermination, leurs avancées, leurs appuis, leurs succès et comprenant à quel point cette faiblesse représentait pour eux le pire des dangers, puisqu'elle rendait les sionistes définitivement dépendants de la Palestine et sujets non seulement à ne jamais vouloir la quitter, mais à ne jamais le pouvoir.

Au contraire des autres coloniaux, ces pionniers, ces réfugiés venus d'Europe n'auraient pas d'État apte à décider d'un éventuel renoncement à ces lieux, puisqu'ils constitueraient l'État même. Les Arabes d'alors pouvaient instinctivement prévoir que ces pionniers, ces réfugiés sans autre terre, sans autre pays, sans autre foyer, seraient tenus d'y demeurer désespérément, triomphalement fixés, après avoir fait le deuil d'un monde dont ils venaient et qui, à coups de crimes, les avait éconduits et ne les reconnaissait que lointains. Leur présence barrerait donc l'accès d'une partie des Arabes de Palestine à cette indépendance déjà par eux revendiquée dès le début du siècle. Elle les tiendrait à l'écart de cette autonomie qu'allaient obtenir les autres populations sous tutelle, de cette souveraineté progressivement partout acquise, mais pour eux confisquée. Elle les détournerait du destin bientôt naturel des pays sous tutelle, les écartant de ce sens-là de l'Histoire, les faisant entrer dans une autre histoire.

Dans cette Histoire qui allait bégayer au long des décennies et bégaie encore sur cet espace ironiquement exigu et, désormais, tout entier en conflit. L'Histoire qui, sur ce territoire, se répéterait sans cesse, jouant sans repos le même scénario redondant d'un film-catastrophe toujours plus désastreux, apparemment sans conclusion possible, reconduit sans répit, aboutissant sans fin à ne pas aboutir, car elle figurerait les séquelles non reconnues, non repérées comme telles, d'une autre Histoire, non pas celle des temps antiques, mais celle, récente, de l'horreur européenne dont on avait espéré bâcler ici la conclusion.

Mais ici, au Proche-Orient, cette part-là de l'Histoire tournait au contraire à vide ; il y avait, à ce propos, erreur sur le projet, les lieux, les personnages. Les sionistes ne rencontraient ici, tel don Quichotte, que des ersatz d'adversaires, non des moulins cette fois, mais des vivants : cette population arabe ancrée, très présente, qui ne pouvait répondre du racisme occidental, d'autant qu'à bien moindre degré et sur un autre registre elle en était, elle aussi, l'objet. Une population qui soulignait l'absence dans cette affaire d'acteurs occidentaux non juifs et la distance du territoire européen, eux réellement impliqués dans le désastre récent, sans qu'il leur ait été véritablement demandé des comptes, comme il était fait ici à d'autres, sans fondement. Cette population soulignait qu'en l'absence des responsables réels, il n'y avait ici pour les victimes juives personne à qui demander raison.

L'action, cette action-là, se jouait donc à faux, sur une scène incongrue, autour d'une trame de ce point de vue factice et elle créerait, dans le malentendu, des drames inédits dont on allait oublier ou méconnaître l'origine. Or, c'est en remontant d'abord et chaque fois à cette origine, à partir de sa reconnaissance et de sa prise en compte, sans que soient évités, moins encore masqués, les problèmes, les antagonismes liés à cette genèse, qu'une issue pouvait être trouvée et de vraies négociations entreprises, aptes à reconnaître *et l'irréversibilité de la présence de l'État d'Israël et les droits sacrés des Palestiniens.*

Escamotée, cette origine allait pourtant demeurer ancrée telle quelle chez les Arabes de Palestine, puis chez les Palestiniens. Une meurtrissure en permanence douloureuse à travers les décennies et c'est, encore une fois, *à partir* de cette blessure même, reconnue, prise en considération, qu'il eût fallu et qu'il faudrait encore aujourd'hui débattre, au lieu de trouver chaque fois des arguments prouvant qu'elle n'avait pas lieu d'être, qu'il n'y avait pas et qu'il n'y a toujours pas lieu d'en faire état.

Par ailleurs, on oubliait l'autre aspect de l'Histoire : on oubliait à quel point, la guerre achevée, s'ils étaient socialement, financièrement fragiles, tant de juifs européens n'avaient si scandaleusement pas été rétablis, reconnus dans leurs droits. Or, tous les droits leur étaient dus, qui pouvaient leur garantir – et garantir à la démocratie – leur place en Occident, identique à celle de tout autre citoyen, de toute autre citoyenne, au sein d'une civilisation qui était la leur et dont ils étaient d'ailleurs eux aussi responsables, mais dont le saccage les avait visés. Et l'on sait qu'il n'est pas de mots pour traduire la longue mémoire de ce qui fut à leur égard et à travers les siècles, un déni de justice allant jusqu'au martyre et qui fut aussi la démonstration de leur vigueur, d'un sens de la vie jamais perdus, d'une aptitude à la persévérance – pourrait-on dire à la résurrection ? La démonstration aussi de la surdité, de la bêtise racistes si désespérantes, absolues, qui formeraient ce gouffre où rien ne pouvait plus s'entendre ou s'inscrire.

Face à cette tragédie récurrente, à la trahison et aux décombres de tant d'espérances profanées, à l'horreur récente, le désir d'un territoire à soi avait certes du sens. Il en aurait eu davantage si, plutôt que le transfert de ses droits dans un pays déjà occupé, politiquement étranger à ces profanations, le choix de chaque Européen juif, son combat lié à celui de tous les démocrates, avait d'abord pu se porter, répétons-le, sur le droit d'être garanti sans restriction, sans réticence, sans réserve aucune chez lui, dans sa patrie européenne. Si ses droits avaient été aussitôt rétablis aux lieux mêmes où ils avaient été outragés, ou (si cela lui était, à lui, trop pénible) établis dans un pays de son choix au sein de cette partie du monde si responsable. Or, nous savons qu'aussitôt après la guerre eurent au contraire lieu la préservation des quotas, la création et la stagnation des camps de personnes déplacées et même certains pogroms. Sans compter les tragédies de navires chargés de réfugiés juifs extraits des camps de personnes déplacées, mais interdits de débarquer nulle part ou même coulés.

Il ne faut pas oublier qu'alors, et pour tout un temps encore, se prolongeaient aux États-Unis des discriminations certes d'apparence anodine en des domaines privés, qui permettaient, par exemple, d'interdire aux ressortissants américains juifs de loger dans certains hôtels, de fréquenter certains lieux sportifs, d'établir des *numerus clausus* dans les universités, entre autres ostracismes. Or, en cet ordre rien n'est insignifiant, rien n'est inoffensif[1].

L'urgence permanente et non pour les seuls juifs, ni à leur seul propos, allait et va encore au refus de tout relent, même bénin, de cet ordre[2]. Urgence d'une attention tenace à protéger en amont toutes victimes potentielles du racisme, quelles qu'elles soient, ce qui revient à protéger aussi du crime ses exécutants potentiels. Ce

1. Ainsi, en 1936, un journaliste américain ayant reproché l'interdiction des clubs sportifs du Troisième Reich aux ressortissants allemands juifs, Theodor Lewald, président du comité allemand d'organisation des Jeux olympiques de Berlin, put lui répondre : «Les clubs n'ont-ils pas le droit de choisir leurs membres? Le club d'athlétisme de New York a-t-il des membres juifs? Je peux vous affirmer que non», *in* Arthur Morse, *op. cit.*

2. Qu'en fut-il, la guerre achevée, des Tziganes victimes eux aussi d'un génocide et des chambres à gaz? Les survivants ne cessèrent jamais d'être considérés tel un problème malvenu, d'être l'objet de discriminations, de législations répressives, comme en Allemagne où ces dernières, alors dirigées contre les «gens du voyage», étaient considérées comme correctes puisque n'évoquant plus la «race» visée. Ils n'obtinrent que tard (ou jamais) les indemnisations légales auxquelles ils avaient droit en tant que victimes des camps de concentration – et jamais, par exemple, dans les cas de stérilisations obligatoires, au prétexte qu'elles n'avaient pas eu d'effet sur leur aptitude au travail. Ils furent, et parfois officiellement, considérés comme ayant été arrêtés en tant qu'asociaux congénitaux, leur internement dans les camps nazis relevant, alors, de mesures de police banales et d'ailleurs comformes à des lois antérieures au régime nazi (voir Guenter Lewy, *La Persécution des Tziganes par les nazis*, Paris, Les Belles Lettres, 2003). On sait qu'aujourd'hui encore, l'animosité générale issue de préjugés séculaires, soit un racisme évident, actif, intransigeant, réduit légalement les Tziganes, partout en Europe, au rejet, à la misère et au mépris.

n'était pas uniquement les survivants de l'horreur nazie qu'il fallait protéger après la guerre, mais l'humanité entière contre ses propres velléités.

Encore une fois, ce n'était pas tant l'Histoire des juifs qui avait traversé les temps pour aboutir aux démences du XXe siècle, que celle de l'antisémitisme – et pas tant celle des juifs d'Europe que celle des antisémites européens. Celle d'une barbarie européenne exercée sur des Européens au nom d'une idéologie politique à caractère européen, cela malgré (en fait contre) l'Europe en ses merveilles, en ses savoirs, ses quêtes. L'Europe, si lucide et donc si apte à n'être pas coupable, mais d'autant plus coupable lorsqu'elle le devenait.

À ce propos, le si beau terme hébreu « Shoah » (titre si juste ici de l'une des grandes œuvres du siècle, le film de Claude Lanzmann : *Shoah*), ce vocable qui semble condenser en un son l'horreur dans sa multitude, ne risque-t-il pas, en tant qu'expression usuelle, de focaliser sur les seuls juifs le temps de l'horreur, comme s'il ne s'agissait que de leur seule histoire et qu'elle découlait d'une fatalité judaïque : le crime et les criminels n'ayant, au sein d'une malédiction presque surnaturelle, fait que remplir des rôles inévitables, prédits, au sein d'un destin inéluctable, d'avance agencé ?

Ce mot évoque les proies, non tant leurs bourreaux et gomme la caractéristique européenne, contemporaine et politique, d'un désastre raciste moderne ancré sur le sol d'Europe, dans un contexte occidental et dans des zones supposées correspondre à celles des Lumières. Ce décalage amène à une vision, un cadrage, une version bibliques, à des temps hébraïques auxquels n'appartenaient ni les juifs visés par le génocide ni ceux qui l'avaient perpétré : il s'était agi là d'activités et d'opinions, de décisions et d'initiatives politiques contemporaines prises dans un espace géographique européen, d'opérations précises et datées, initiées par des nazis, eux-mêmes rejoints par nombre de citoyens, de gouvernants de plusieurs pays d'Europe ligués contre des Européens juifs, souvent leurs compatriotes, mais non d'un phénomène d'abord juif, prédéterminé comme tel et comme tel lié à d'antiques fatums.

Ce que l'on nomme la Shoah n'est pas caractérisé par ses seules victimes, mais au moins autant par la barbarie de ses instigateurs et de ses praticiens, que ce terme occulte ou minore. En user systématiquement, comme nous le faisons tous, c'est tout de même allouer à la langue hébraïque ce qui appartient, pour le pire, à des langues d'Europe ; ce qui s'est ourdi, pensé, énoncé, entendu, hurlé, commis dans ces langues-là et subi dans ces langues, y compris le yiddish. L'hébreu, langue sublime, mais qui n'a rien de neutre, transpose aussitôt ailleurs ce passé tragique et récent et le transplante symboliquement au Proche-Orient. Symboliquement, il l'y installe d'emblée, le soustrayant à l'Europe, laissant ainsi s'estomper, s'effacer les responsables véritables et même l'existence, la désignation précise d'une responsabilité. Encore une fois, malgré sa beauté, son efficacité certaine, ce terme de « Shoah » ne détourne-t-il pas les événements qu'il désigne de leur contexte exact, de leur réalité physique, de faits tangibles, il est vrai insoutenables, de leur non-sens, du sens de leur non-sens? Par là, il risque de contrarier, d'entraver l'analyse possible d'événements que seule leur analyse aurait une chance de rendre contrôlables et, peut-être, maîtrisables à l'avenir.

D'une ampleur vocale ouverte à l'infini, le vocable « Shoah » confère, répétons-le, un caractère strictement judaïque, une coloration toute biblique à ce qui s'est produit de révoltant sous la responsabilité, la détermination et à l'échelle, aux dates de l'Occident moderne et qui implique tout le genre humain. Ce faisant, il désigne, archive le malheur subi, supposé prédestiné, mais il occulte ce qui lui a permis d'être perpétré : une permissivité totale dévolue à l'éradication consciente du Droit, à celle du respect, à la pratique de leur absence avec, à la clé, la destruction politique du politique aboutissant au déchaînement de ce que le politique a pour rôle au moins d'endiguer et de maintenir dans les cases de la « monstruosité », tout en protégeant le concept de respect.

La création d'un État israélien obligeait au respect envers cet État, envers ses citoyens, leur statut, mais c'était la judaïté qui prenait un autre caractère, non l'antisémitisme qui était annulé.

On assistait au départ de juifs visés par cet antisémitisme, plutôt qu'à l'extinction de ce qui les avait visés, à la réforme exhaustive du contexte qui l'avait permis. En ce sens, le départ symbolique de juifs en nombre quittant l'Europe signait de leur part un abandon conscient, celui de tout espoir en l'Occident. C'était l'Occident qui était abandonné, non sans raison, et laissé en l'état. Réaction légitime et qui répondait aussi à une nouvelle perspective, un dessein inédit, positif, exaltant, empreint d'une certaine beauté : la fondation d'une nation. Mais elle ne donnait pas moins pour définitivement ancré l'antisémitisme occidental, du moins s'en écartait-elle sans souci de l'annihiler, l'estimant irréversible et faisant fi de l'élan démocratique qui avait pris l'initiative (à la fin du XVIIIe siècle) de faire table rase en France, puis en Europe occidentale de toute discrimination légale. Cette Europe dont n'étaient retenues que les heures les plus criminelles.

Or, même bafoué, violé, même vaincu – et dans quelles conditions ! –, et d'ailleurs justement parce qu'il l'avait été, cet élan vers la démocratie ne devait-il pas être, *lui*, tenu pour la norme et, pour la norme, ce qu'il instituait ? Restait à prouver qu'il était réalisable de protéger cette condition première de la démocratie et d'y conduire sans relâche, même lorsqu'elle semblait acquise. La question n'était pas de reprendre confiance, mais d'établir ce qui justifierait cette confiance.

Le sionisme proposait une autre direction, en certains points positive, mais qui, s'écartant de l'antisémitisme sans en combattre autrement l'existence et sans l'avoir exorcisé, sans qu'ait eu lieu son procès véritable, sa mise à plat, revenait à déplacer la « question juive » tout en laissant en paix le fait antisémite, non conjuré.

Or, la « question juive » elle-même aurait dû s'évanouir, *non pas la judaïté mais le fait qu'elle pose « question »*. Être juif aurait dû conserver partout toute l'importance, mais aucune autre importance que celle que lui accordait ou non chacun des juifs et ne plus correspondre à un « problème » (moins encore à une anomalie prêtant à des clichés même favorables), mais à une norme parmi tant d'autres. Liberté de ce choix, mais impliquant celle aussi d'opter pour d'autres appartenances ou de n'en accepter aucune – choix essentiels, mais intimes, considérés comme tous équivalents au regard de la chose publique et du statut de chacun. Les lois européennes, en particulier françaises, non seulement s'y prêtaient : elles l'instituaient. Certes, elles avaient été trahies et, certes, la loi, nécessaire en ce domaine, ne suffit pas sans l'énergie d'une opinion publique, d'une conviction collective très articulée pour la corroborer et donc sans une vigilance générale rigoureuse, attentive à ce que la civilisation ne se reconstitue pas émaillée des mêmes éléments qui l'avaient menée à son effondrement.

En ne réclamant d'autre compte à l'Europe qu'un moyen particulier de la quitter, le sionisme renonçait à signifier la fin de ce qui avait permis des siècles de rejet, de persécution antijuive dans cette Europe ; il se contentait de s'en détourner. Émigrer pouvait aller de soi, mais c'était refuser l'autre versant de l'Occident, celui des Lumières, qui avait amorcé, établi un chemin vers la justice comme il ne l'avait jamais été fait ailleurs. Un chemin souvent rude, rendu par Hitler un calvaire, mais un chemin à toujours rétablir, essentiel à toutes les populations, seul bénéfique à l'Histoire. Quant à la loi de 1791, selon laquelle le statut discriminatoire des juifs avait disparu, sans atteinte à leur culture, leur religion, on sait quels en furent à Vienne, par exemple, à Paris et ailleurs, les résultats somptueux.

Est-ce la tragique abolition du Droit survenue au XXe siècle, qui devait passer pour naturelle, inéluctable, pour inhérente à cette civilisation ? Les avancées qui avaient suscité la liberté, l'égalité des juifs, leur inclusion citoyenne, démocratique, n'avaient-elles figuré qu'un caprice, un épisode sans valeur, sympathique mais inconséquent ? Leur engloutissement dans les années infernales du nazisme faisait-il fonction de preuve démontrant que de telles tendances n'avaient pas leur place dans la réalité, qu'elles ne convenaient pas au genre humain – auquel d'ailleurs ne convenaient pas non plus les excès nazis, mais seules quelques complaisances, les plus modérées possible, à des penchants racistes supposés anodins ? Ou bien pouvait-on reprendre et poursuivre – mais avec désormais davantage d'énergie, de persistance et de certitude, surtout de défiance – le projet de dégager la civilisation du carcan raciste, projet dont dépendait, au vrai, la civilisation. Le labeur constant, passionnant, spécifique de l'humanité ne consistait-il pas à se démarquer elle-même de la « nature humaine », de ses automatismes, de ses tendances premières, archaïques, de ses « naïvetés » inhumaines ? Ou fallait-il, au contraire – et il y avait matière à s'y abandonner – désespérer de l'Occident et avec lui de l'Histoire ?

Mais pourquoi désespérer plutôt que de décider de décider d'un refus permanent de céder à l'engrenage raciste, à tout glissement vers l'enfer qu'il recèle et d'en protéger désormais l'Europe, qui avait tant failli ? L'Europe et sa magie, cette Europe dont on ne mentionnera jamais assez l'aptitude à toute l'acuité, toutes les nuances, toutes les affres de la beauté, à tous les doutes, les savoirs, les mises en abyme, à la lucidité. Au Droit. Ce Droit qu'elle fut si apte à abolir, pour basculer, à partir de là, dans pire que le pire.

Pour se garder de cette dernière Europe, il convenait de réviser toute illusion angélique, de renoncer à l'espoir périlleux d'un paradis, de n'écouter aucun prophète et de s'en tenir d'abord à empêcher en permanence le pire, ce qui est beaucoup. La tentative, après tout modeste et des plus logiques, d'instituer le droit de tous au Droit revenait à cela, pourquoi l'abandonner ? Ce but était prioritaire ; après l'ère nazie cela semblait prouvé.

Cependant, quelle patience exigée ! Y consentir eût été plus facile, en fin de compte, sans autre choix que celui de tenir bon, de résister sur place, comme ont été obligés de le faire, à même les lieux de l'injustice, ces mouvements de résistance en apparence sans avenir, sans espoir ou si lointain, donnés pour vaincus d'avance et qui ont pourtant obtenu, dans des délais inespérés, la disparition au moins légale (et c'est considérable) du colonialisme dans le monde entier, de la ségrégation des Noirs aux États-Unis, de l'apartheid en Afrique du Sud. Autant d'événements dont on pouvait encore désespérer très peu de temps avant leur occurrence.

Ce qui paraît aujourd'hui si naturel, rangé dans un passé tout bonnement historique, semblait impensable en amont et ceux qui, si minoritaires, avaient lutté pour obtenir un monde plus civilisé passaient alors au mieux pour de doux rêveurs et, sinon, pour des agitateurs, voire des factieux enragés. Ils l'avaient cependant emporté, faisant dès lors figure de sages.

Il était humain qu'après des siècles de persécutions, qui avaient abouti au génocide nazi, un nombre croissant de juifs aient jugé plus urgent d'obtenir un territoire où fonder un État qui serait un foyer, que de lutter aussitôt après le désastre pour une éthique générale, qui aurait dû aller de soi. Qu'une telle lutte soit demeurée nécessaire après une telle Apocalypse devait la faire paraître bien vaine, superflue et c'était beaucoup demander, et de manière injuste, à ceux qui avaient été la proie de telles affres, de mener aussitôt ce combat-là. Mieux valait, semblait-il aux sionistes comme à d'autres juifs aussi, se créer ailleurs un avenir autonome. Mais pourquoi en Palestine ?

La question peut paraître absurde et même à certains, à beaucoup, blasphématoire. Ce serait oublier qu'il ne fut pas toujours fait l'amalgame de la nécessité d'un refuge et du désir, sous des auspices bibliques, d'un pays quitté depuis des millénaires. Ce serait oublier aussi qu'aux débuts du sionisme cette question paraissait naturelle et fut alors souvent posée : il était courant de se demander si d'autres contrées que la Palestine ne seraient pas plus appropriées.

Lev Pinsker, véritable précurseur du sionisme, auteur, en 1882, d'un livre intitulé *Auto-émancipation – La seule solution au problème juif*[1], qui précédait de quatorze ans *L'État des Juifs* de Herzl et qui suscita, lui aussi, malgré un destin infiniment plus modeste, la création d'un mouvement, celui des Amants de Sion, que Pinsker présida. Né en Pologne, médecin renommé exerçant en Russie, à Odessa, et, comme Herzl, juif très assimilé, il avait été comme lui bouleversé par les pogroms de 1881, déclarant qu'il fallait « être aveugle pour ne pas voir que les Juifs sont le "peuple élu" de la haine universelle », et remarquant : « Nous nous tournons à droite, personne pour nous aider, à gauche nul ne nous soutient. » D'où son projet d'une « auto-émancipation du peuple juif comme nation, par la création d'une communauté coloniale juive, destinée à devenir un jour notre patrie inaliénable, inviolable – notre patrie à nous », mais cette patrie « peu importe où, dans n'importe quelle partie du monde ». La Palestine n'entrait pratiquement pas dans son projet : « Le but de nos efforts ne doit pas être la Terre sainte, mais notre terre à nous... Le choix pourrait se faire entre un petit territoire en Amérique du Nord ou un pachalik souverain dont la neutralité serait garantie tant par la Porte que par les grandes puissances. » Un comité d'experts

1. Herzl affirmait, lui aussi, que *L'État des Juifs* ne proposait pas « une solution », mais « la solution », *Journal, op. cit.*

serait nommé; la Palestine ne figurait qu'à titre d'hypothèse parmi d'autres, laquelle ne devait être retenue que si ces experts jugeaient ce pays susceptible de devenir rapidement productif.

Herzl lui-même (il ne lut l'ouvrage de son prédécesseur qu'après la rédaction du sien) intitulera un chapitre de *L'État des Juifs* : « La Palestine ou l'Argentine ? », cette dernière décrite comme « un des pays les plus riches du monde, d'une superficie énorme, avec une faible population et un climat modéré », tandis que la Palestine, si exiguë, représentait une « patrie historique inoubliable », dont « le seul nom constituerait pour notre peuple un cri de ralliement d'une puissance extraordinaire ».

Ahad Haam signalait dès 1891 « une littérature polémique foisonnante » autour de la question « Israël ou l'Amérique ? ». Mais la controverse s'apaisait, car « avec le temps, les esprits les plus éminents dans les deux camps ont été obligés de reconnaître la part de vérité que recèle chaque position [...]. La réponse véritable est donc la suivante : *et* Israël *et* l'Amérique ».

Il fut aussi question de bien d'autres contrées. Lorsque l'Ouganda fut si aimablement proposé au Dr Herzl par l'affable Joseph Chamberlain, son offre[1] fut très sérieusement prise en compte, divisant gravement les sionistes. Le problème se posa à Bâle, en 1903, lors d'un sixième Congrès sioniste houleux, d'accepter cette opportunité

1. Offre qui eût « protégé » l'Europe occidentale, l'Angleterre en particulier, d'un possible exode des juifs russes en proie à une série de pogroms, après celui de Kichinev.

immédiate ou de patienter dans l'attente de la Palestine. Le choix de l'Ouganda, défendu par Herzl, l'emporta par 295 voix contre 178 (il y eut 143 abstentions). C'est seulement après deux années de controverses et de négociations qu'au septième Congrès, en 1905 (Herzl était mort depuis un an), le choix définitif alla à la Palestine, mais à la suite de débats mouvementés, souvent orageux, qui bousculèrent l'importante assemblée et ses nombreux courants.

Israël Zangwill, par exemple, milita en faveur du projet ougandais, arguant du très ancien ancrage en Palestine d'une population arabe. Battu, il démissionna du mouvement sioniste pour créer le sien propre. Au contraire, Zeev Jabotinski, très proche de Herzl et son farouche partisan, devint sur ce point son adversaire acharné, se rangeant parmi les opposants à la thèse de l'Ouganda, dont maints rabbins furent les défenseurs, aux côtés de nombreux sionistes socialistes inquiets, eux, d'une « tyrannie religieuse » possible en Palestine ! À la même époque, en France, le premier partisan déclaré de Dreyfus, l'écrivain Bernard Lazare[1], âgé de trente-sept

1. Bernard Lazare, d'abord très assimilé, tout comme Pinsker et Herzl, mais lui socialiste avant tout, de tendance libertaire, devint après l'Affaire et les pogroms un sioniste ardent et convaincu, mais atypique, distinct du mouvement de Herzl dont il démissionna très vite, lui reprochant, entre autres, de plier devant des antisémites notoires et d'être « bourgeois » : « Aller à Sion pour être exploité par le Juif riche, quelle différence avec la situation présente. C'est là ce que vous nous proposez : la patriotique joie de n'être plus opprimés que par ceux de sa race ; nous n'en voulons pas. » Areligieux, antinationaliste, il précise en 1897 sa conception du nationalisme juif : « Le juif qui aujourd'hui dira "Je suis un nationaliste" ne dira pas d'une façon spéciale, précise et nette : "Je suis un homme qui veut reconstruire un État juif en Palestine et qui rêve de conquérir Jérusalem." Il dira : "Je veux être un

ans mais très près de mourir, écrivait : « Vous voulez nous envoyer à Sion [...]. Nous ne voulons pas y aller... C'est dans le vaste monde qu'est notre action, notre esprit [...], c'est là que nous voulons rester sans rien abdiquer, sans rien perdre. » Sans céder.

Comme il avait aussitôt décidé de ne pas céder, mais de lutter contre l'ensemble des sphères officielles les plus puissantes, les plus prestigieuses liguées contre le capitaine Dreyfus, plutôt que de se perdre en déplorations et de renoncer, aussitôt découragé, comme l'avait fait Theodor Herzl ne songeant plus qu'à une retraite des juifs, mais non à les défendre en défendant Alfred Dreyfus, son honneur et, par là, celui de tous, ceux qui étaient juifs ou qui ne l'étaient pas. Défense entreprise par d'autres, dont Lazare en premier, et avec succès. Succès qui ne fut pas un triomphe, les ultimes sursauts des scélérats en place n'en finissant pas de prolonger le scandale et de ternir le procès, ou plutôt les procès. Mais sans cette victoire tardive, quelle déperdition générale c'eût été ! L'erreur judiciaire infâme inscrite à jamais. La forfaiture célébrée, tenue pour exemplaire. Et pour un homme, Alfred Dreyfus, un supplice sans plus de fin.

Si cette lutte finalement victorieuse n'a pas empêché le cauchemar nazi, elle permet de souligner à quel point il eût valu la peine, dans l'intervalle, de porter toute énergie à maintenir le courant antiraciste qui s'était dégagé, à le

---

homme pleinement libre, je veux jouir du soleil, je veux avoir ma dignité d'homme. Je veux échapper à l'oppression, échapper à l'outrage, échapper au mépris que l'on veut faire peser sur moi" » (*Le Fumier de Job,* Paris, Circé, 1990).

renforcer politiquement, à se préoccuper en priorité, juifs ou non, de contester, désavouer, contrecarrer en permanence ce qui pouvait émaner du bourbier révélé par l'Affaire, laquelle avait aussi révélé la capacité d'y résister.

Ce fut le nazisme qui advint, auquel les Alliés, triomphant de l'Allemagne, mirent fin, mais sans éradiquer certaines de ses scories ou de ses symptômes et en admettant leurs prolongements sournois. Autant d'omissions interdisant d'espérer, même timidement, pouvoir un jour tourner la page. Malaise de l'opinion générale, qui peut-être, alors, se focalisa avec d'autant plus d'espoir sur les revendications sionistes relatives à la reconnaissance de l'État d'Israël, puis sur l'avènement de celui-ci et sur les conflits qui s'ensuivirent. Autant d'émotions qui semblent – ajoutées au désarroi, à l'épuisement, aux deuils et à l'absence des morts – avoir contribué à une certaine absence, d'ailleurs des plus dignes, de ressentiment, de colère, de désir de revanche des juifs envers les pays (les leurs) impliqués dans l'extermination, les persécutions, l'offense qu'ils avaient subies. Certes, leur mémoire les entraînait à des considérations plus graves, plus recueillies. Il y avait ceux qui voulaient oublier, ceux qui ne le voulaient pas et aucun d'eux ne le pouvait. Beaucoup se sentaient coupables de survivre. Et tout le monde en Europe était las.

L'éventualité d'un transfert symbolique et d'une conclusion de la Diaspora au Proche-Orient semble avoir alors contribué à détourner l'attention de tous, juifs ou non, des lieux européens marqués d'une mémoire funeste, celle du génocide, tout en estompant la présence de ses responsables et de leurs complices, comme si ce transfert distrayait de leurs culpabilités, mais aussi de cette fatigue qui étreignait chacun. Toute énergie protestataire, tout instinct de défiance, de revanche, toute exigence de réparation, paraissent alors s'être reportés sur un autre continent pour s'y fixer désormais. L'Europe pouvait s'éloigner, majestueuse et toujours dominante ; elle n'était plus, dans ce domaine, au centre des préoccupations.

On se rend compte ici qu'il eût été grotesque de seulement songer à proposer ou réclamer pour des survivants juifs le moindre centimètre de terre européenne – ce qui, pourtant, n'eût pas été sans une certaine logique ! Pourquoi pas la Bavière[1], par exemple ? Pourquoi pas les Cévennes, la Flandre, ou quelque région d'Italie ? Propositions impensables ! On n'aurait jamais, même en rêve, osé imaginer offrir la plus petite parcelle du sol européen. La question n'est pas ici de savoir si c'eût été irréaliste – ce l'eût été – mais de remarquer que ce qui n'était pas envisageable en Europe devenait la moindre des choses au Proche-Orient.

Aurait-on eu l'audace de disposer, et avec cette désinvolture, d'un seul acre de l'espace européen, lui pourtant lié à ce passé infernal ? Arrière ! Sacrés, les pays

1. La Bavière fut d'ailleurs suggérée par David Ben Gourion au général Eisenhower comme territoire juif de transition, dont on évacuerait les Allemands, afin que les immigrants juifs en partance pour la Palestine y puissent faire leur apprentissage d'agriculteurs. Le général ne refusa pas, mais n'y donna pas suite (Tom Segev, *Le Septième Million*, *op. cit.*).

occidentaux ! Proposer d'en annexer la plus petite part avait toujours signifié déclarer solennellement une guerre. « Vous n'aurez pas l'Alsace et la Lorraine ! », clamé d'héroïques larmes aux yeux, fut le leitmotiv de générations franco-allemandes et l'un des enjeux de trois conflits majeurs. Projeter de disposer de la plus infime surface européenne pour l'offrir à ceux envers lesquels l'Europe avait, elle, une dette, aurait tenu de la démence. L'idée même fait encore hausser les épaules face à une telle provocation. Mais que des Occidentaux adjugent à d'autres Occidentaux un territoire arabe afin qu'ils en fissent un État souverain, au sein d'une population autochtone pourtant majoritaire, cela semblait aller de soi[1]. Comme semblait aller de soi l'incapacité des autochtones à éprouver les sentiments patriotiques familiers à d'autres populations, d'autant que leur pays, dépourvu de drapeau, d'hymne national, n'en était pas un – l'Alsace et la Lorraine lui faisant aussi, décidément, cruellement défaut !

Notons que si ce processus pouvait aller dans le sens de l'Histoire, être considéré comme la seule voie pour certains et, surtout, correspondre à la naissance d'une grande nation, cela exigeait une révérence certaine envers ceux qui en souffriraient.

Mais il s'agissait, en grande partie, pour les décisionnaires internationaux, d'en finir avec l'obsession d'un passé sinistre, accusateur, et d'obtenir pour les sionistes cet espace en Palestine qui avait pour eux un sens si

1. Commentaire d'Arthur Koestler : « Une nation a solennellement promis à une seconde le territoire d'une troisième. »

essentiel, si grave, et qui représentait mieux qu'un espoir : la patrie désirée. Laquelle, élément providentiel, se situait au Proche-Orient, territoire déjà sous tutelle, où l'on n'avait pas à se préocccuper outre mesure de l'accord des habitants. S'ils devaient s'y opposer, cela deviendrait du ressort des Israéliens. Grand bien leur fasse ! Pourquoi s'inquiéter de l'opinion des futurs Palestiniens ?

En décembre 1942, Sulayman Tuqan, grand notable de Naplouse, avait exprimé la sienne et le point de vue arabe : « Comment la Palestine deviendrait-elle une question de vie ou de mort pour les Juifs qui habitent les quatre coins du monde et ne le serait pas pour ses propres habitants ?... Le globe terrestre en entier est-il devenu si étroit pour les Juifs au point de ne plus trouver d'abri qu'en Palestine ? Est-il juste et équitable de faire mourir un peuple pour le compte d'un autre ? Quel est le crime des Arabes de Palestine pour les châtier et les exposer à voir leur existence menacée par l'émigration massive d'un peuple avec lequel les Arabes n'ont aucune relation et dans les malheurs duquel ils n'ont jamais trempé ? »

Il est vrai que s'il était essentiel et d'une telle importance pour les sionistes d'acquérir la Palestine, quelle gravité pour les Arabes, alors, de la perdre ! Mais il est tout aussi vrai que le « globe terrestre en entier » *était* alors devenu trop petit pour les juifs rejetés partout, souvent à coups de crimes. Nous avons vu, au sein de la sphère occidentale, lors d'opérations exterminatrices à l'échelle d'un continent, menées par une puissance nazie belligérante dont les plus grandes puissances elles-mêmes ne venaient pas à bout, des quotas barrer aux juifs l'entrée de ces contrées alliées, l'Europe leur être mortelle, les frontières extra-européennes leur demeurer sur tous les continents bloquées. La Palestine elle-même leur être prohibée. Et, malgré le choc de l'horreur découverte cette fois au grand jour, les clôtures demeurer. En vérité, ce globe hostile à leur endroit n'était pas « trop petit » : il était seulement pour certains d'entre eux et sur toute sa surface pratiquement interdit.

Acquiescer au désir des sionistes permettait à la fois d'en rester là et d'éviter le scandale. Par chance, les lieux désignés faisaient partie de territoires sous tutelle. Deux populations dépréciées par l'Occident allaient s'y superposer. Ainsi se dessinait l'impasse dans laquelle, *avec* les juifs, Tuqan et les siens étaient conduits précisément *parce ce que* leur terre était étrangère à la sphère occidentale, aux événements de laquelle les Arabes n'avaient, en effet, pas « trempé ». Mais aussi *parce qu'*elle faisait partie, sa terre, de régions subalternes dont l'Occident pouvait alors encore disposer afin de répondre au martyre de ces Européens juifs, toujours indésirables, mais tenus pour des Occidentaux privilégiés relativement aux indigènes.

Aux Nations unies, Sulayman Tuqan et les siens n'avaient pas voix au chapitre, ni aucun peuple de ce que l'on nommait alors le tiers-monde. Leur terre n'était pas « une terre sans peuple pour un peuple sans terre », mais une terre considérée comme vacante, même peuplée, en tout cas disponible pour un autre peuple, lui décimé et auquel étaient dus des dédommagements, son martyre ayant été trop abominable, trop notoire et sa vitalité demeurée si dynamique, malgré les rafales d'actes mortifères endurés. Vers cette terre, une part des immigrants arriveraient acculés, sans qu'intervienne plus chez eux la notion de désir.

Aux autochtones, il ne restait qu'à se rendre utiles, c'est-à-dire à se soumettre, voire à s'effacer, afin de permettre à des Européens de s'effacer eux-mêmes d'Europe où si longtemps ils avaient été jugés, où ils continuaient pour certains d'être jugés peu désirables car juifs – et à ces juifs de quitter l'Occident en nombre et de leur propre gré. Gilbert de Guermantes aurait su apprécier ! Et bien d'autres avec lui, comme Fichte qui, contre ce qu'il estimait être, en Allemagne, une « nation dans la nation », un « État fondé sur sa haine pour tout le genre humain », voyait « un seul moyen de nous défendre : conquérir pour eux la Terre Promise et les y expédier tous ». Il admettait toutefois une alternative : « Leur couper la tête à tous dans la même nuit, et leur en donner une nouvelle, qui ne contienne pas une seule idée juive. »

Encore une parenthèse pour souligner combien cette dérive obsessionnelle traverse aussi la littérature française. Tel Baudelaire écrivant soudain, dans « Mon cœur mis à nu », « Belle conspiration à organiser pour l'extermination de la Race juive », mais poursuivant avec cette phrase si belle, énigmatique : « Les juifs, *Bibliothécaires* et témoins de la *rédemption*[1]. » Et tel encore Flaubert,

1. Les deux mots sont soulignés par Baudelaire.

plus banal, traditionnel, moins intéressé, mais tel aussi… Une anthologie serait possible sur ce thème ; y figureraient la plupart des auteurs du temps et cela irait du plus distrait, usant par routine de propos routiniers, sans même y prêter attention, jusqu'aux plus convaincus, jusqu'aux plus militants, professionnels de l'antisémitisme, tel cet ami de Proust et, à un degré bien moindre, de Herzl, le très mondain Léon Daudet, fils d'Alphonse, et pour qui « le juif » aimait « la mort d'autrui comme un gain […]. Étant lui une peste chronique et une infection en permanence, il est de plain-pied avec le choléra ».

Plus près de nous, Jean Giraudoux, oui, le doux Giraudoux si souvent maniéré, qui, l'année de la déclaration de la Seconde Guerre mondiale, dans *Pleins pouvoirs*, paru en 1939, déclarait : « Nous sommes pleinement d'accord avec Hitler pour proclamer qu'une politique n'atteint sa forme supérieure que si elle est raciale », non sans s'indigner de l'entrée en France de « centaines de milliers d'Ashkénazes échappés des ghettos polonais ou roumains […]. Ils apportent là où ils passent l'à-peu-près, l'action clandestine, la concussion, la corruption… Horde qui s'arrange pour être déchue de ses droits nationaux et braver ainsi toutes les expulsions, et que sa constitution physique précaire amène par milliers dans nos hôpitaux qu'elle encombre ». Des immigrants juifs « noirs et inertes comme des sangsues en bocal » et qu'il souffre de trouver « grouillants sur chacun de nos arts ou de nos industries nouvelles et anciennes, dans une génération spontanée qui rappelle celle des puces sur le chien à peine né […].

On devinait [...] celui qui serait le garçon à la Bourse, puis le courtier marron, puis Stavisky; celui qui serait le médecin avorteur, celui qui serait au cinéma d'abord le figurant, puis M. Cerf, puis M. Nathan». Autant de noms juifs, dont les porteurs n'étaient d'ailleurs pas son unique cible : «L'Arabe pullule à Grenelle et à Pantin.» Or, «le pays ne sera sauvé que par la race française». On ne s'étonnera donc pas de le voir réclamer un «ministre de la Race» à qui «tresser plus tard des couronnes». Il n'y eut guère de réaction, ou plutôt si : la même année, en juillet 1939, le gouvernement Daladier nommait Jean Giraudoux commissaire général à l'Information dans son cabinet de guerre (contre Hitler, souvenez-vous!).

Pourquoi pas Céline? Et quelle différence ici avec lui, sinon que Giraudoux n'était pas, et de très loin, aussi grand écrivain? Céline jubilant, à la manière de Fichte ou du prince de Guermantes : «Les Juifs à Jérusalem, un peu plus bas sur le Niger, ils ne me gênent pas, ils ne me gênent pas du tout!», ou tel Drieu la Rochelle, attendri et soupirant dans son *Journal*, avant son suicide : «Je meurs antisémite (respectueux des juifs sionistes). J'aime les races d'ailleurs chez elles : j'aurais aimé sincèrement les Juifs chez eux.» Quant au doux Giraudoux, on devine qu'il ne les eût aimés nulle part, mais les eût nettement préférés là-bas!

Mais là-bas, à la stupéfaction générale et toujours en cours, contre toute rationalité, toute bienséance, les Arabes de Palestine, la plupart misérables, s'imaginant aptes à éprouver des sentiments, à se targuer de convictions et même à user du droit de ne pas apprécier le déni de leurs droits, ces gens « à peau bronzée », pourtant sommés de se ranger aux projets des Occidentaux, de se plier à leurs injonctions, bref, de se faire oublier, renâclaient. Nous l'avons déjà remarqué, ils n'étaient pas sensibles à la détresse européenne des juifs au point de se dépouiller pour eux, de se soumettre à eux ! Ils ne révéraient pas l'Histoire de l'antiquité biblique au point de renoncer avec enthousiasme à leur propre passé, à leur propre présent et de faire allégeance à ceux qui avaient pour but de la reconstituer ! Nous avons vu les grandes puissances se frotter les yeux, incrédules : les Arabes n'appréciaient pas cette conquête de leur terre et ne se félicitaient pas de l'emprise accordée par d'autres à d'autres sur eux. Ils ne considéraient même pas l'autorisation de partager cette terre, de s'en voir attribuer une partie, comme une faveur et même une largesse ! Une concession insigne. Cette terre, ils l'aimaient.

En 1938, David Ben Gourion lui-même déclarait au Comité politique du Mapaï : « Quand nous disons que les Arabes sont les agresseurs et que nous nous défendons, ce n'est qu'à moitié vrai. En termes de sécurité et de vie quotidienne, certes, nous nous défendons [...]. Mais cette lutte ne représente qu'un aspect du conflit, qui est en substance d'ordre politique. Or, en termes politiques, nous sommes les agresseurs et eux se défendent. » Et c'est encore lui qui reconnaissait en 1936 que « les Arabes ne redoutent pas la perte de territoire, mais celle de la patrie du peuple arabe, que d'autres veulent transformer en patrie pour les Juifs » et que, de la part des sionistes, il avait été « extrêmement naïf de penser que les Arabes détermineraient leur attitude envers nous à partir d'un point de vue de *justice abstraite*[1]... Les Arabes proclament que ce pays est un pays arabe et qu'il entend le rester [...]. C'est aussi simple que cela. »

Aussi simple ? Lorsque cinquante-cinq ans plus tard le Premier ministre d'un État d'Israël reconnu depuis quarante-trois ans déclara devant la Knesset, en 1991 : « Nous sommes revenus en Israël et nous y avons fondé un peuple, mais nous ne sommes pas revenus dans un pays vide. Il y avait ici des Palestiniens », ces propos d'Yitzhak Rabin parurent si sacrilèges que son assassinat quelques semaines plus tard par un extrémiste israélien fut souvent imputé à cette phrase-là, supposée avoir été son arrêt de mort.

À remarquer la formule de Ben Gourion, celle de « justice abstraite », proche de « justice divine », qui instaurait une instance habilitée à imposer un plan sans évidence du point de vue des Arabes appelés à s'y sacrifier. Projet qui court-circuitait l'Histoire, ramenant le présent à l'ère biblique, à sa géographie – les siècles écoulés dans l'intervalle considérés comme non advenus et le passé plus que millénaire, mais surtout le présent, la présence des Arabes en Palestine, tenus pour annulés. On n'en était plus à nier leurs droits, mais leur réalité ! De telles conceptions n'avaient rien de politique, Ben Gourion le savait, qui les qualifiait d'abstraites et, surtout, elles n'avaient rien

1. C'est nous qui soulignons.

pour convaincre les autochtones ainsi menacés : qualifier de justice ce qui soudain les éliminait de leur propre Histoire, n'était pas recevable pour eux. Mais qualifier cette justice d'« abstraite » permettait à David Ben Gourion de taxer d'un défaut de subtilité ceux qui la refusaient.

Subtilité qui semblait échapper aussi à Sigmund Freud, pourtant fort soucieux de ce qui touchait au sort des juifs, dont il était. Aussi habitué qu'il fût de marquer son attachement à son origine, il refusa de signer une pétition sioniste réclamant, en 1930, après des émeutes arabes s'y opposant, le droit pour les juifs d'exercer leur culte à l'intérieur de la Ville sainte et d'accéder au mur du Second Temple ; il ne croyait pas que la Palestine pourrait jamais devenir un État juif, ce en quoi il se trompait, mais surtout, il eût estimé « plus raisonnable de fonder une patrie juive sur une terre moins alourdie d'histoire. Mais je sais, ajoutait-il, qu'un point de vue aussi rationnel n'aurait jamais entraîné l'enthousiasme des masses ni le soutien financier des riches. Je dois concéder avec tristesse que le fanatisme irréaliste de notre peuple est en partie à blâmer quant à l'éveil de la méfiance arabe. Je n'ai aucune sympathie pour la piété fourvoyée, qui transforme un morceau du mur d'Hérode en relique nationale, narguant ainsi les sentiments des indigènes ». Lettre qui fait pendant à celle qu'il adressait la même année à Albert Einstein : « J'aurais mieux compris que l'on fondât une patrie sur un sol vierge, non grevé historiquement. » Il répète regretter une « piété mal orientée [...] qui, pour l'amour de quelques pierres, ne craint pas de heurter les sentiments des populations indigènes [1] ».

En 1930, voilà déjà longtemps qu'étaient heurtés, souvent dans des circonstances plus patentes, ces sentiments déniés et dédaignés, issus précisément de cette absence de respect. Des sentiments que, mis à la place des Arabes, les Occidentaux auraient trouvé normal d'éprouver au plus profond, mais qu'ils ne reconnaissaient pas vécus par eux et qui demeuraient donc sans influence sur le jeu politique international. Jugées intempestives, les réactions arabes, quelles qu'elles soient, étaient tenues pour nulles et non avenues, au mieux irrationnelles, toujours politiquement ignorées. Loin de s'apaiser, elles iraient se consolidant. Étayées par les événements, elles conserveraient à travers le temps la fraîcheur d'une blessure, l'acuité de sentiments jamais sérieusement considérés et qui, par là, demeureraient à vif, au stade effervescent de leur apparition, et fonderaient une mémoire sans fin neuve, laquelle sous-tendrait la conscience des générations à venir, mais demeurerait dans l'inconscient occidental celle d'indigènes présumés incapables de raisonner raisonnablement, autrement dit : à partir des convictions de leurs adversaires.

1. Albert Einstein fut un soutien officiel des sionistes, malgré son refus radical de toute religion comme de tout nationalisme, et dans un élan vers les juifs d'Europe orientale en proie à la misère et aux persécutions, souvent aux massacres. Il tenait aussi à se différencier d'une certaine bourgeoisie allemande et juive, qui y était indifférente et le faisait s'indigner. Il était en accord, au sein du sionisme, avec le mouvement *Brit Shamom*, auquel appartenait aussi Martin Buber et pour lequel la souveraineté juive n'était pas essentielle, mais désirable avant tout un état de paix avec les Arabes.

Avec une certaine lassitude indulgente – après tout, qu'y avait-il à espérer de natifs considérés comme barbares, archaïques et paresseux, illogiquement agrippés à leur terre ? –, on démontrerait comme évidente l'absence de leurs droits, comme ataviques leur inaptitude aux émotions reconnues, leur inadéquation à toute valeur civique. Quant à leurs revendications, autant de caprices puérils : leurs retards sur la modernité ne leur interdisaient-ils pas toute vision claire de la situation, toute gestion de leur propre présent ? On reconnaît ici la bonne vieille orthodoxie coloniale, en cours au temps des premiers sionistes dominés par la nécessité désespérée, vitale, d'une certitude *absolue* quant à un droit *absolu* que la réalité arabe risquait d'altérer.

Il était alors courant pour eux d'écrire, comme Zangwill en 1905, à propos du retour aux heures de l'Ancien Testament : « Nous ne pouvons laisser aux Arabes l'opportunité d'entraver une reconstitution historique aussi précieuse. Il nous faut donc les persuader avec délicatesse de “décamper”. » Ou d'insister comme, en 1930, Menahem Ussishkin, organisateur de premier plan et de première date du mouvement sioniste : « Les autres habitants doivent être transférés ailleurs [...]. Nous devons conquérir le territoire, car l'idéal que nous poursuivons est plus grand et plus noble que la simple sauvegarde de quelques centaines de milliers de fellahs arabes. » Qu'importe si ces Arabes étaient, en vérité et de loin, majoritaires !

Il ne s'agissait plus là du seul élan pionnier vers un but estimé salvateur, mais d'un esprit de conquête lucide, fervent et désespéré; il ne s'agissait plus de naïveté, d'aveuglement ni seulement d'un immense espoir cruellement déçu à constater que l'on n'était pas seuls dans cette Histoire, dans cette géographie; que d'autres êtres respiraient concomitants, actuels et flagrants dans l'espace espéré. Il s'agissait du refus très douloureux de reconnaître un problème immense et de l'admettre précisément là où l'on n'avait d'abord perçu, ou voulu percevoir, qu'une solution. Problème qui réclamait plus que jamais ce postulat selon lequel la Palestine appartenait de tout temps et à jamais aux juifs, en vertu d'une «justice abstraite» découlant de cette Bible dont l'écriture universelle, s'il en est, provenait cependant des Hébreux et, par là, donnait à leurs descendants des droits géographiques et politiques immanents au sein des frontières sacrées indiquées par le Livre; leurs deux millénaires d'absence ne représentait qu'un accident. Un exil dû au «brigandage historique[1]» perpétré par les Romains, et auquel il était soudain urgent de remédier.

Eût-il fallu dès lors ramener la mappemonde tout entière à l'état qu'elle présentait avant les conquêtes romaines, en des temps où bien des continents étaient encore ignorés si ce n'est de leurs habitants, en particulier l'Amérique, ce Nouveau Monde qui attirerait, infiniment plus que tout autre rivage, tous les émigrants de la

1. C'est Menahem Ussishkin, membre de la délégation sioniste menée par Weizmann à la conférence de Versailles, qui prit la prole (en hébreu) pour adjurer le Congrès, à propos de l'invasion des Romains mille huit cents ans plus tôt : «Restituez-nous l'objet de ce brigandage historique», *in* Georges Bensoussan, *Une histoire intellectuelle et politique de la Shoah*, *op. cit.*

terre, les émigrants juifs en premier[1] ? Après tout, les peuples de cette planète ne sont-ils pas, la plupart, en exil de cartes géographiques depuis longtemps périmées ?

Les sionistes réclamaient pour les juifs une patrie au sein de toutes celles qui les avaient, plus ou moins implicitement, avec plus ou moins de fureur, proscrits ; elle ferait partie du même bord que ces dernières, participant de leur prépondérance occidentale, du charme incomparable de cet Occident dont les juifs provenaient immédiatement, auquel ils appartenaient encore et au charme duquel tant d'entre eux ont contribué. Une patrie neuve, fidèle à la promesse du Dr Herzl assurant qu'elle figurerait « la sentinelle avancée de la civilisation moderne contre la barbarie ».

Fût-elle relativement faible, une proportion de juifs quittant l'Europe après la guerre pour la Palestine, bientôt pour Israël, incarnerait *la* réponse symbolique à l'outrage. Réponse qui ne manquerait pas de sens, d'émotion, mais se contenterait d'une décision de faire pays à part. Or, il ne suffit pas d'avoir été des justes face à l'hostilité, si l'on ne tient pas pour injuste toute hostilité de cet ordre, quelles que puissent en être les cibles et sans se limiter au refus du retour d'un seul modèle – fût-il le pire

1. Sans compter nombre de nazis et non des moindres, tel le Dr Mengele, qui, à l'aide d'éminentes complicités, purent s'enfuir et vivre la plupart en Amérique du Sud ou pour certains dans des États arabes, tel Walter Rauff, inventeur des camions à gaz, en Syrie. Et sans compter surtout ceux qui vécurent honorés (utilisés) en particulier par les États-Unis. On connaît, entre autres, les destins privilégiés de von Braun et consorts (voir Georges Bensoussan, *Histoire de la Shoah*, Paris, PUF, 1996).

d'entre eux. Le danger du racisme ne provient pas de l'origine des victimes, mais de son existence même.

Le danger du « plus jamais ça », c'est, en ne donnant qu'une seule forme au « ça », de ne pas repérer des symptômes de ce qui peut se répéter ailleurs, autrement, en d'autres circonstances, sur des victimes autres. Danger de ne prévoir de danger que dans la reproduction du même modèle centré sur les mêmes proies, et non dans des formes multiples du fléau, toutes condamnables.

Le sionisme impliquait un désintérêt, voire une désolidarisation, non intentionnels ou délibérés, mais implicites, des autres formes de racisme. Son choix était celui d'une prise de distance solitaire, du renforcement de l'identité juive, de son enracinement dans un espace géographique spécifique, tout à elle et qui lui conférerait un statut de nation. Il s'est agi là d'une conquête historique majeure, parvenue à conférer des droits inaliénables à la nation d'Israël et à son peuple, mais non d'une démarche politique.

Or, la voie d'un certain réalisme n'aurait-elle pu être celle, plutôt, du politique ? Celle d'un travail assidu, constant, d'un exercice actif de la pensée, de ses patiences opiniâtres et des voies tenaces et calmes de la conviction exercés contre le racisme en ses actes, ses délires superstitieux, mais contre aussi ses intérêts, ses mesquineries sordides, afin de faire barrage au phénomène, et définitivement : d'une résistance inébranlable, fût-elle vraisemblablement vouée à l'échec, il n'est jamais absurde d'attendre une issue. Rappelons encore les avancées décisives obtenues par un Martin Luther King, un Mahatma Gandhi, un Nelson Mandela, mais aussi par tous ceux qui, avec eux, avant eux, autour d'eux ont œuvré sans espoir rationnel, encore moins immédiat et qui, dans le déni, le blâme, presque le ridicule, ont su effectuer ces quelques pas décisifs vers une civilisation véritable.

Une voie plus longue, plus lente (en apparence, au moins), qui ne se serait pas contentée de déplacer la cible du phénomène, sans se préoccuper de ce dernier. Devenir une nation parmi les nations était un but fort grave et séduisant en soi, mais une solution politique eût consisté à lutter d'abord contre le racisme *inacceptable* de ces nations.

Or, il ne sera pas question pour les sionistes de lutter politiquement contre toute forme d'antisémitisme, mais de s'en écarter. David Ben Gourion l'exprimera très catégoriquement en 1937 : « Les assimilationnistes ont toujours déclaré la guerre à l'antisémitisme [...], le sionisme, lui, a toujours plaidé pour l'indépendance du peuple juif dans sa propre patrie. Aujourd'hui, certains sionistes ont rejoint le chœur des assimilationnistes : "guerre à l'antisémitisme". Mais nous devons donner une réponse sioniste à la catastrophe que subissent les Juifs allemands : transformer ce désastre en une occasion de développer notre pays. »

D'ailleurs, après tant d'épreuves traversées, les Européens juifs survivants, qui avaient dépassé le seuil d'indignation et le seuil de détresse, avaient-ils vraiment pour devoir de jouer les bonnes âmes afin de sauver au long terme une planète qui s'était révélée si stupide et féroce ?

Ou bien leur revenait-il, au contraire, de se préoccuper de leur seul destin et de canaliser leur énergie dans une aventure positive, de se créer eux-mêmes un statut qui, cette fois, croyaient-ils, ne dépendrait que d'eux ? La question et sa réponse allaient, hélas, se révéler autrement plus complexes, engendrant de nouvelles offenses, de part et d'autre au Proche-Orient.

Cette quête sioniste d'un territoire, puis cette création d'un État ne furent pas entrepris dans un esprit d'arrogance en des temps (les tout derniers) où la colonisation, voire le colonialisme, étaient des plus approuvés, des plus banals et des plus préconisés par tout l'éventail des partis politiques occidentaux ; elle provenait d'un réflexe défensif, au vrai de détresse, impulsé par les déchaînements successifs d'une démence européenne pluriséculaire dont, aux yeux de beaucoup de juifs, la menace demeurait, que seule pouvait juguler la création d'un État souverain. Quant à la menace elle-même, quant à son origine, sa nature... non ! Ceux qui en avaient été les cibles avaient déjà donné ! Ces questions-là n'étaient plus les leurs. Il s'agissait pour eux d'avancer en s'éloignant. Et d'avancer en Palestine. Les Arabes ainsi devenus ou plutôt demeurés leur obstacle majeur, leurs adversaires immédiats, alors que, simultanément, les responsables de la tragédie juive s'estompaient dans un passé laissé sur d'autres rives, elles tranquilles, abandonné aux refoulements de la mémoire et aux retours du refoulé.

Tandis que les habitants de la Palestine répondaient des pogroms et du génocide européens, dont on entendait installer chez eux l'épilogue, combien de responsables, voire de dignitaires nazis, de collaborateurs des pays occupés retrouvaient leur rôle social sur les lieux mêmes de leurs forfaits ? Combien d'entre eux allaient vivre respectés, souvent prospères, parfois couverts d'honneurs, sans être inquiétés ? Les grandes puissances avaient à se remettre de la guerre, à retrouver chacune une cohésion interne, un retour aux normes sans donner lieu à trop de discorde, à trop de mécontents, sans se priver de trop de citoyens. Il n'était donc pas indifférent qu'une partie des charges les plus lourdes, afférente au génocide et autres outrances de ce conflit, fût transférée au Proche-Orient.

Symptôme éloquent, les crimes nazis d'avant 1939 ne furent pas jugés à Nuremberg ou ailleurs : ce n'étaient pas des « crimes de guerre ». Faut-il gloser sur cette méconnaissance du fait hitlérien, sur cette désinvolture à l'égard de ceux qui l'avaient subi ? Faut-il revenir sur le caractère borné de cette guerre, certes salvatrice, héroïque, victorieuse, mais exclusivement traditionnelle, menée par les Alliés et sur la passivité des grandes puissances face à l'antisémitisme auquel elles avaient jugé inapproprié de faire spécifiquement barrage, alors qu'elles avaient vent de l'horreur, laquelle n'avait pas commencé avec les chambres à gaz (connues dès 1942), mais avait débuté en 1933, avec *les premières persécutions antisémites considérées légales* ?

Cette faute judiciaire revenant à la Conférence de Londres concordait avec le défaut permanent d'opposition spécifique au caractère raciste de la dictature ennemie, avec les carences d'une guerre lacunaire, laquelle n'avait pas ciblé la nature même de cette tyrannie, le désastre antisémite, qui avaient prévalu tout au long de l'avant-guerre, puis de la Seconde Guerre mondiale.

Un exemple de cette abdication ? Dès avant le début du conflit, en octobre 1938, à la fin de cette Conférence d'Évian supposée, nous le savons, se pencher sur le sort de ceux qui tentaient alors d'échapper au régime nazi, le gouvernement français rassurait avec empressement le ministre des Affaires étrangères du Reich, lui affirmant dans un mémoire qu'au sein de cette rencontre internationale « aucun des États ne conteste au gouvernement allemand le droit absolu de prendre à l'égard de certains de ses ressortissants des mesures qui relèvent uniquement de l'exercice de sa souveraineté ».

Autre exemple ? Dès après la fin de cette même guerre, en 1945, lors de la Conférence de Londres chargée de définir les catégories des crimes à juger, en particulier à Nuremberg, les Alliés, se gardant bien de faire des caprices et de contester l'« exercice » d'une « souveraineté » hitlérienne, qui avait si scrupuleusement fait ses preuves, s'alignèrent sur les déclarations du juge Robert Jackson, principal représentant américain : « Nous estimons qu'il est justifiable d'intervenir ou de tenter de châtier des individus ou des États seulement lorsque les camps de concentration ou les déportations poursuivaient un plan ou une entreprise concertés de livrer une guerre injuste à laquelle nous avons été amenés à participer. Nous ne voyons aucune autre base à partir de laquelle nous serions justifiés de nous en prendre aux atrocités qui étaient commises à l'intérieur de l'Allemagne sous le régime allemand, ou même en violation du droit allemand, par les autorités de l'État allemand. » Aucune autre base ! L'État nazi, inconnu ? Ou plutôt reconnu comme l'« État allemand » ? Passons. Comme il fut alors « passé ».

On comprendra qu'il fallait, néanmoins, faire un geste envers ceux qu'avaient pu importuner les atrocités en question, même jugées innocentes de tout « plan ou entreprise concertés » à caractère « injuste ». Pourquoi ne pas mettre en œuvre celui si désiré, indiqué, préparé par les sionistes ? Pourquoi ne pas désigner pour l'accomplir les habitants de la Palestine quand bien même ils y étaient opposés ? Allait-on tenir compte d'eux face à l'accomplissement un acte aussi rédempteur ?

Ainsi, tandis qu'en Europe, bien des acteurs, responsables plus ou moins directs de faits monstrueux, allaient connaître, sans même avoir à changer de nom, de paisibles destins à même les pays où ils avaient sévi ; tandis que se dérouleraient leurs existences de citoyens bien insérés, parfois florissants et même fêtés, officiels, leurs forfaits pèseraient sur le sort du Proche-Orient. Dès après la guerre, il reviendrait à la Palestine d'assumer les conséquences de leurs fautes et de devenir, au prix de frustrations essentielles, le terrain du dénouement de ces crimes, l'unique lieu où s'instituerait un simulacre d'expiation.

En Europe, cependant, la vie reprenait. Il est symbolique qu'en France, plus de cinquante ans après les faits, en 1998, lors du procès d'un Maurice Papon nonagénaire, responsable de milliers de déportations, certains déplorèrent le grand âge de l'accusé, le plaignant de « payer pour tous les autres », oubliant que c'étaient plutôt les autres qui n'avaient pas répondu de leurs actes : nombre de ses semblables, répartis dans toute la France, étaient demeurés comme lui hommes d'influence et de pouvoir, ils avaient alors comme lui poursuivi des vies fort honorées, elles favorisées jusqu'au bout, la sienne se voyant perturbée... après plus de cinquante ans.

Mais ce n'était pas cela qui choquait ces protestataires, ni le fait que les rides du vieil homme symbolisaient les dizaines d'années au cours desquelles le complice notoire (et satisfait) de crimes contre l'humanité avait pu vivre, comme en effet certains de ses pareils, fringant, récompensé, puissant, sans cesse officiellement distingué : de 1978 à 1981 ministre du Budget dans le gouvernement de Raymond Barre, après avoir été, entre autres, préfet de Paris, toujours raciste, funeste cette fois à des Maghrébins[1]. Il est vrai, néanmoins, qu'à la date de son procès, Papon aurait dû se trouver les pieds dans ses charentaises, assis au coin du feu, ayant déjà assumé les arrêtés d'un verdict alors ancien – mais, cela va de soi, sans s'être vu confier les responsabilités, les prérogatives, ni avoir reçu les dignités et le rang national qui lui

1. Le 17 octobre 1961, au cours d'une ratonnade officielle à Paris, alors que les forces de police étaient placées sous la responsabilité du préfet Maurice Papon, des Algériens en nombre furent jetés à la Seine par des policiers et se noyèrent, parfois fracassés contre les piliers des ponts.

furent conférés sciemment, malgré son passé très officiel, nullement clandestin. Ce qui suscitait les critiques de ces quelques Français scandalisés, c'était la rupture avec l'indifférence, la complaisance et l'oubli relatifs à ce qu'avaient pu commettre en France, tout un temps, certains vassaux du nazisme *via* Vichy.

En Allemagne, dès la fin de la guerre, une liste de cinq mille inculpés éventuels, susceptibles de passer devant leurs tribunaux, fut dressée par les Alliés. Liste des plus modestes, si l'on considère la masse des citoyens impliqués, des postes pourvus, des missions accomplies, des bénéfices obtenus, des ordres donnés, de la vie tout entière d'une nation pendant des années en déni de Droit et programmée en fonction de crimes tous effectués. Mais le jugement de cinq mille accusés fut jugé trop onéreux. Pas les moyens. À l'ouverture des procès, seuls demeuraient cent quatre-vingt-cinq inculpés, défendus par deux cent vingt-six avocats. Parmi ces avocats, cent trente-six étaient d'anciens membres du parti nazi – en particulier Ernst Achenbach, chargé des questions juives et des déportations auprès d'Otto Abetz, ambassadeur du Reich en France pendant l'Occupation (lui-même dénazifié en 1950) ; dix autres d'entre eux avaient fait partie des SS. Vingt-cinq des accusés furent condamnés à mort, trente-cinq relaxés. Cent vingt-cinq demeuraient en prison. En 1950, une Commission de clémence américaine réduisit leurs peines d'un tiers ; l'année suivante il ne restait plus que cinquante prisonniers. En 1955, dans les geôles de la zone anglo-américaine, les détenus condamnés à la réclusion pour avoir participé au supplice juif étaient réduits à vingt. Une loi d'amnistie fut alors promulguée.

Certes, l'un des avocats de la défense, le Dr Becker, avait pu remarquer : « Tout le monde a sauvé les quelques survivants, personne n'a tué la multitude de morts. » Réactions classiques, peu surprenantes en de telles circonstances ! Mais combien de nazis majeurs, combien de collaborateurs des pays occupés ou annexés ne furent jamais incriminés ! Quelques très grands industriels allemands le furent cependant, qui avaient tout au long épaulé le Troisième Reich après l'avoir aidé à s'installer. Encouragés par les SS, ils avaient investi de très gros capitaux dans les camps de concentration, d'extermination, en y implantant certaines de leurs usines, à moins que des camps ne fussent eux-mêmes établis autour de complexes industriels privés. C'est avec avidité qu'il était usé d'une main-d'œuvre gratuite ou presque : « louée » pour quasi rien par les SS. Main-d'œuvre composée de détenus en permanence assassinés ou qui, dans les conditions de non-survie concentrationnaires, mouraient à la tâche, sans fin remplacés. IG Farben avait priorité sur les autres entreprises quant à l'obtention de ces esclaves destinés à la mort. Se les disputaient bien d'autres sites industriels installés dans les camps, entre autres Siemens-Shuckert ou Krupp. Alfred Krupp, condamné à douze ans de prison et à la privation de ses biens, fut libéré en février 1951, soit après trois ans d'incarcération, et se vit aussitôt restituer sa fortune et son empire industriel, qu'aucune interdiction ne l'empêcha d'agrandir.

Leurs peines achevées, l'existence reprit facilement son cours pour tous ces hommes d'affaires éminents comme, par exemple, Otto Ambros, l'un des dirigeants d'IG Farben, conglomérat de plus de deux cents sociétés, numéro un mondial de la chimie et dont l'une des filiales fabriquait le zyklon B, ce produit qui tuait dans les chambres à gaz. Ambros avait été responsable de la création de succursales d'IG Farben à Auschwitz (IG Auschwitz), construites au sein du camp par ses détenus ; pour approvisionner les deux usines (de caoutchouc synthétique et d'acide acétique), il fit acheter deux mines de charbon proches, dont les mineurs furent aussi, on sait dans quelles conditions, des déportés juifs. Les dirigeants de la firme travaillaient au sein d'Auschwitz en intime collaboration avec les SS et adoptèrent leurs « méthodes » ; aux gardes SS, ils joignirent leur propre police d'usine. « Notre amitié avec les SS exerce une action bienfaisante », écrivait Ambros à sa direction générale, dès le 12 avril 1941, précisant qu'à « l'occasion d'un dîner qui nous a été offert par la direction du camp de concentration, nous avons mis au point toutes les mesures qui concernent les profits à tirer par l'usine Buna de l'organisation, en vérité remarquable, du camp de concentration ».

Usines et mines, fusionnées avec le camp d'extermination, furent des lieux de supplices et d'assassinats en masse, où l'on mourait de fatigue, de faim ou sous les coups, quand ce n'était pas à côté, dans les chambres à gaz du camp.

Condamné à huit ans de prison, M. Otto Ambros retrouva, aussitôt libéré et comme tous ses collègues dans le même cas, son siège au conseil d'administration du nouveau conglomérat et devint en outre, simultanément, directeur de six sociétés allemandes, président de Knoll, consultant de Distillers en Grande-Bretagne, de Pechiney en France, de Dow Europe en Suisse ; une firme américaine, Grace & Co, rétribuait aussi le très compétent businessman. « Tout cela remonte à longtemps. Il y avait des Juifs là-dedans », se rappelait-il, répondant à la curiosité d'un journaliste américain, en 1982. Un détail : IG Farben ne fut mis en liquidation judiciaire que cinquante-huit ans plus tard, en 2003.

Autre exemple, parmi une multitude. Celui de Hans Globke, haut fonctionnaire au ministère de l'Intérieur du Reich, service de la Race et l'un des artisans des lois de Nuremberg ; l'auteur aussi d'un décret imposant aux juifs d'ajouter à leur prénom celui d'Israël pour les hommes, de Sarah pour les femmes, et leur interdisant de donner à leurs enfants d'autres prénoms que ceux inclus dans la liste dressée par lui comme « appropriée » à leur « race ». Ses talents s'étaient également exercés sur l'expropriation, l'« aryanisation » des biens juifs. Aussitôt après la guerre, le voici trésorier général de la ville d'Aix-la-Chapelle, puis, dès 1950, conseiller ministériel du chancelier Adenauer, auprès duquel il négociera, en 1952, les compensations dues par l'Allemagne à l'État d'Israël ! Député chrétien-démocrate, bras droit du chancelier, il devient en 1953 secrétaire d'État.

D'autres exemples encore ? Ils abondent, tel celui du consul général Otto Bräutigam, chef adjoint au ministère des Territoires occupés de l'Est. Quelques aperçus du climat au sein duquel il exerçait son autorité : le 25 août 1941, il participe à la conférence au cours de laquelle le chef suprême de la SS et de la Police des territoires de l'Est exprime son espoir d'« avoir fini de liquider ces Juifs [provenant de Hongrie] au 1er septembre 1941 ». Espoir exaucé. En octobre 1941, c'est l'expert en politique raciale attaché à son bureau, qui espère (lui aussi) l'arrivée dans les régions de l'Est du Dr Kallmeyer, chimiste spécialiste des opérations de gazage, muni de ses recettes. Le 29 janvier 1942, au cours d'une autre conférence, présidée cette fois par Bräutigam lui-même et appelée à définir plus sévèrement qui était juif dans les territoires de l'Est, l'assemblée et son président y mirent tant de zèle que, dépité, Himmler décréta leurs définitions « imbéciles » et rappela à Bräutigam et consorts que : « Les territoires occupés à l'Est seront nettoyés des Juifs. L'exécution de cet ordre très lourd a été placée sur mes épaules par le Führer. Nul ne peut me décharger de ma responsabilité. C'est pourquoi j'interdis toute immixtion dans mon domaine. » Après la guerre les autorités, plus amènes, sauront reconnaître la grande expérience d'Otto Bräutigam qui, dès 1956, retrouvera un poste au ministère des Affaires étrangères et sera fort judicieusement affecté… à l'Est !

Bien des compétences démontrées au cours du Troisième Reich furent reconnues ensuite, telles celles de

Wilhelm Harster, commandant de la police de sécurité en Hollande, puis, à partir de 1943, en Italie, où il se montra un nazi exemplaire. Condamné à douze ans de prison en 1949, libéré en 1957, il est nommé fonctionnaire en Bavière. Parmi tant d'autres, voici encore Werner von Bargen, représentant du ministère des Affaires étrangères du Reich en Belgique, qui eut bien du mal à réussir les déportations de juifs belges avertis et souvent résistants, mais qui vint néanmoins à bout de ce que le Reich attendait de lui. Nommé ministre en 1952, il fut tout de même jugé, trois mois plus tard, indigne de cette fonction, non sans recevoir en compensation l'ambassade d'Allemagne en Irak, avant de toucher sa retraite en 1963.

Quant à Hans Fritzsche, acquitté à Nuremberg après avoir été une cheville ouvrière du ministère de la Propagande nazie, il put mettre ses dons de persuasion au service de la publicité, en particulier celle du… Rouge Baiser !

William Koppe, organisateur et responsable des gazages au camp de Chelmno, coula des jours tranquilles et sous son propre nom, à la tête d'une fabrique de chocolat, jusqu'à ce qu'en 1961 le procès d'Alfred Eichmann le mît sous les projecteurs. Quant à August Becker, SS, spécialiste passionné du gazage dans les camions, qu'avec ardeur il s'appliquait à perfectionner, nous le retrouvons en 1945… représentant de commerce. Lorsque, quinze ans plus tard, la justice allemande s'avisera de penser à lui, comme bien d'autres il ne sera pas jugé assez en forme pour supporter des interrogatoires, moins encore un procès.

Quelques noms extraits d'une liste considérable. Il ne s'agit pas de regretter une économie de châtiments, mais de remarquer qu'au long des années de paix européenne qui suivirent la Seconde Guerre mondiale, soit au long des vies brillantes d'un Maurice Papon, d'un Hans Globke, de l'existence tranquille d'un August Becker, d'un William Koppe, les séquelles directes et durables de leurs crimes et les effets de « repentance » relatifs à leurs forfaits ont pris place au Proche-Orient.

Tandis que cette paix revêtait l'Europe, dont les nations en zone non soviétique (l'Allemagne de l'Ouest en premier lieu) avaient retrouvé, pour la plupart, des régimes démocratiques, tandis qu'y régnaient un esprit, une politique et des mœurs tranquilles, en Israël, en Palestine, s'installaient, pour s'y enraciner, des crises et des cataclysmes, un cauchemar fruit du passé de cette Europe maintenant apaisée. Cauchemar qui dure depuis des décennies au Proche-Orient, n'en finit pas, rebondit chaque fois pire et peut paraître inextricable, tandis que son origine, celle d'un crime occidental, n'est plus même mentionnée.

S'il est bon de ne pas s'attarder à des *mea culpa*, de ne plus réclamer de châtiments relatifs à ces événements européens, n'est-il pas étrange qu'il ne soit appelé de réponse qu'au Proche-Orient, sans qu'il soit jamais alors question de l'Europe, de ses responsabilités ? Comme si l'Europe, dans ce malheur, n'avait pas eu de rôle et qu'il était inhérent à ceux qui en avaient souffert. L'interdit portait sur ses causes, prescrites comme leurs agents. À coups de « Plus jamais ça », cette page était tournée. À la suivante on prétendait pallier à ce passé tout en l'omettant. Escamotage qui fausse, au Proche-Orient, les données de conflits interminables, actuels sans fin.

Ainsi la pression européenne sur les sionistes si tragiquement acculés passe pour insignifiante, secondaire en tout cas, les sionistes étant censés avoir agi de par leur seule volonté, leur seule ferveur, même si Theodor Herzl avait donné cette pression pour la raison d'être de son projet et comme devant déterminer sa mise en route : « Tout dépend de la force motrice. Quelle est-elle ? La détresse juive. » Hélas !

L'origine occidentale de cette détresse étant considérée négligeable, la malchance d'une population arabe d'avoir été projetée, sans en avoir été responsable, dans le maelström du destin des juifs en Occident fut tenue pour fatale. Sans reconnaissance de cette malchance et de ses effets collatéraux, ce dommage premier demeurerait toujours aussi vivace, l'humiliation sans cesse reconduite et, avec eux, l'âpreté du ressentiment. Pour une grande part, il s'agissait d'une question d'honneur, capitale chez tous les peuples, et Shimon Peres se montrait cette fois peu réaliste en 1997, en déclarant, à propos du souci de dignité des Palestiniens : « Mais la dignité est aussi une forme de conservatisme. Et puis on ne peut pas paralyser le reste du monde au nom de la dignité. »

Or, c'est *à partir* du respect de cette dignité, de l'admission de cette malchance, que pourraient avoir lieu de vraies négociations en place de discours mutiques. Daniel Barenboïm, chef d'un orchestre composé de musiciens israéliens et palestiniens, souligne qu'est indispensable à une issue « la liberté de penser en même temps que le devoir d'écouter ».

Rappelons que si les juifs avaient avec l'Occident le plus lourd des contentieux, ils n'en avaient jamais eu, au préalable, avec le peuple de Palestine, ni celui-ci avec eux. Et, à propos de la terre de Palestine, qu'elle ne leur avait pas été arrachée par des Arabes et que ce n'était pas eux qui les en avaient chassés deux mille ans plus tôt, mais les Romains.

Est-il possible d'imaginer qu'Arabes et sionistes, ensemble dominés en Palestine par les mêmes puissances successives, auraient pu tenter ensemble de s'en délivrer plus tôt ; qu'ils auraient pu, surtout, se respecter mutuellement, même si ces puissances n'avaient respecté aucun d'eux ? Mais chacun d'eux semblait, au contraire, avoir gardé en mémoire le mépris infligé à l'autre, qui l'empêchait de prendre cet autre pour un interlocuteur tout à fait acceptable, moins encore prestigieux. Le prestige revenant toujours à ces mêmes puissances, aujourd'hui spectatrices, sous l'égide desquelles ils se placeraient lors d'entrevues capitales, de rendez-vous médiatisés supposés les faire s'entendre enfin, mais au cours desquels, inconsciemment, ils feraient surtout allégeance à ceux dont ils payaient les fautes passées avec leur drame actuel – celui-là même qui serait en question. Ces rencontres solennelles, chaque fois prometteuses et ratées chaque fois, leur permettraient, en réalité, de ne jamais vraiment se rencontrer. Et à leurs tuteurs de se congratuler de leur propre altruisme, non sans s'affliger de voir tant d'efforts vertueux gâchés, hélas, par ces irresponsables.

Israéliens et Palestiniens auraient pu – et pourraient encore – discerner leur spécificité commune au sein de l'espace international et de son climat paternaliste, tacitement dédaigneux, toujours directif, et se reconnaître tous deux tenus (avec une préférence, une certaine complicité allant à Israël) pour d'anciens subalternes promus égaux sans conviction, par générosité, par bienséance démocratique – leurs conflits tragiques considérés parfois avec inquiétude, toujours avec une condescendance réprobatrice, mais surtout avec le souci de maintenir relégués ailleurs, ainsi camouflés, les remous issus de l'enfer créé pour les juifs en Europe, qui avaient déterminé et qui, souterrainement, déterminaient encore le drame des deux nations.

La possibilité avait existé pour les Arabes et les juifs (elle existe encore pour les Palestiniens et les Israéliens) de s'offrir l'un l'autre ce que tant de peuples leur avaient refusé. Il ne manquait pas entre eux d'aires de complicité, de solidarité potentielles, mais jamais reconnues, tandis qu'ils admettaient tous deux comme supérieurs les initiateurs de leur situation, ces responsables qu'en un sens ils vénéraient encore et dont, avant tout, il leur fallait l'aval. Il faut souligner que cet Occident n'est d'évidence plus aujourd'hui celui de la Seconde Guerre mondiale. L'Europe actuelle, en particulier, n'a plus rien à voir avec ses heures maudites.

Mais ce qui procède encore de cette époque, c'est le souci de faire oublier la responsabilité européenne, occidentale, afférente à ce passé et d'esquiver ce qui, au Proche-Orient, risquerait de ne pas en détourner l'attention. Or, il est l'heure pour Israël et pour la Palestine de se démarquer nationalement de ce passé dont les uns furent les proies et auquel les autres furent étrangers. De reconnaître chacun sa propre indépendance de fait et de s'admettre tous deux plus proches l'un de l'autre que des puissances qui prétendent les rapprocher. De ne plus s'en tenir aux scènes médiatiques et grandioses où, sous l'œil des caméras, mais surtout de ces grands présidents américains ravis à l'idée d'une entrée flatteuse dans les livres scolaires et qui, tour à tour, à travers les années, portent sur les dirigeants israéliens et palestiniens réunis par eux des regards attendris, humectés, de mamans triomphantes à l'idée d'avoir enfin calmé les petits ou dépitées de n'avoir pu faire entendre raison à ces sales gamins. Des présidents américains, représentants des grandes puissances satisfaites de voir leur puissance reconnue, leur sagesse requise, leur passé mieux que blanchi : effacé. Des présidents chaque fois bientôt penauds, mais tout à l'espoir du renouvellement de telles cérémonies et de quelque Nobel – qui sait ? – à l'horizon.

Tancés, encouragés, dirigés par des puissances occidentales[1], certes souvent de bonne volonté, les grandes

1. Ainsi de Bill Clinton ordonnant : « Ne discutez pas… Et revenez… Je déciderai quelle option choisir… », etc. Ou James Baker, secrétaire d'État, insistant auprès des Palestiniens : « Vos problèmes avec le Congrès de Washington

rencontres des véritables intéressés n'ont lieu que sous l'égide de ceux qui les avaient carrément tenus, juifs et Arabes, pour inférieurs et qui les toisaient encore avec des mines bienveillantes mais paternalistes, hautaines, un peu consternées, attentifs cependant à faire profiter ces novices primaires de leur suprématie éclairée. Mais entre les adversaires, pas de tête-à-tête officiel au sommet pour vraiment débattre au sein de leur histoire *devenue commune*. Pour se confronter entre eux, se quereller avec âpreté, s'agresser éventuellement avec brutalité, mais avec conviction et sans déléguer la violence, les sévices, les attentats, les représailles à leurs peuples.

Au lieu de se faire part entre eux de leurs rancunes, de leurs révoltes, de leurs fureurs, voire de leur haine, les voici conversant, au contraire, courtois, sous le contrôle d'autres dirigeants dont ils ont à cœur de remplir les attentes et s'essayant dans ce but à des rôles qui ne leur conviennent pas et ne répondent en rien à la situation. Chacun d'eux ainsi dérobé à toute confrontation abrupte avec son opposant, lequel est, comme lui et en somme avec lui, seul concerné.

Sous prétexte de rencontres, de négociations, d'accords, les voici tous deux tenus écartés de tout affrontement politique, verbal et direct, sans concessions préalables. Les voici tenus d'éviter ces dialogues acerbes,

---

passent par la politique électorale intérieure aux États-Unis » (voir Charles Enderlin, *Le Rêve brisé* et *Paix ou guerre*, Paris, Fayard, 2002 et 2003). Alors qu'il pourrait revenir, un jour, au Congrès de Washington, de ne pouvoir se soustraire à une décision de paix israélo-palestinienne, issue des deux peuples, à laquelle adhérerait l'opinion publique internationale.

voire insultants, blessants, féroces, susceptibles de donner aux deux côtés une chance d'accéder au noyau du problème, et ce, en responsables, entre responsables, sans délais imposés par d'autres calendriers, sans avoir à suivre un sens d'avance ordonné par des instances tacitement tenues pour supérieures, inquiètes surtout de leurs propres performances électorales. Sans avoir à faire preuve, sous surveillance, d'une urbanité contraignante, d'une aménité simulée, d'une bonne volonté, d'une exquise diplomatie, d'un zèle manifeste en vue de conclusions déjà anticipées. Sans risquer d'avoir à perdre solennellement la face en présence de témoins, implicitement les maîtres, et de médias à l'affût. Sans avoir, pour faire plaisir à ces maîtres et mériter leur éloge, à jouer les bons élèves qui vont se réconcilier pour satisfaire les grandes personnes. Sans avoir à s'ajuster tous deux au même rôle de convive avenant, le tableau d'honneur allant au premier sourire, s'il a lieu. Sans avoir à se montrer chacun réservé, accommodant, tout en ressassant à part soi ses ressentiments, ses aspirations, ses exigences réels, ceux de son peuple, ressentis plus aigus ici que jamais et dont ils n'avaient pas débattu entre eux, mais au sein desquels leurs peuples se débattaient chez eux, dans le sang.

Comme si, afin d'apaiser une situation tout à fait inédite, seuls convenaient ces méthodes classiques, leurs rituels désuets, des cérémonials guindés qui ne sont jamais parvenus ici, en fin de compte, qu'à faire temporairement l'impasse sur l'impasse. Or, c'est l'impasse même qu'il fallait, qu'il faudrait affronter et sans la penser a priori franchissable, mais d'abord envisageable ensemble. Décider d'avance possible une solution toute faite, à choisir en grande pompe dans le catalogue des routines, n'a avancé à rien. N'eut lieu chaque fois qu'un spectacle sans lien réel avec les peuples en cause, leur souffrance ; n'eut lieu chaque fois que de la politique, non pas du politique.

Il est capital ici d'inventer un langage, des protocoles, d'élaborer une méthode, d'avancer à tâtons sans s'interdire le risque d'aller à l'échec, mais en partant des racines du problème, en prenant le temps de décrypter ses données, non sans tenir compte de ses pathos, des troubles de toutes natures qu'il suscite chez chacun des adversaires ; en l'abordant tel qu'il est perçu par chacun des protagonistes, sans tenir aucun des facteurs pour négligeable ou d'avance résolu, sans oublier que le politique doit inclure l'émotion afin d'éviter la licence hystérique à quoi conduit son refoulement. En explorant chacun des griefs, chacune des appétences, en analysant sans tabous le cours de tout le processus et cela entre les seuls intéressés, sans ressasser des propos que l'autre ne peut entendre, car il n'a pas été, lui, entendu. Sans organiser des cérémonies publiques qui ne mènent et n'ont mené à rien, sinon à renforcer à coups d'illusions redondantes, de désillusions, le sentiment d'un problème à jamais inextricable. En vérité jamais posé.

Jusqu'ici, lorsque se sont rencontrés ces dirigeants d'Israël et de la Palestine, seule la présence des corps, des voix de chefs d'États occidentaux puissants semblaient pouvoir les faire tenir debout ensemble, toujours autour des mêmes propositions sans fin remâchées, et leur faire tenter de jouer une scène prévue, aux résultats chaque fois manqués. Scène chaque fois contrôlée par des mentors, gardiens inconscients de tout un pan, devenu tabou, de leur propre Histoire : celui attenant à leur responsabilité initiale, majeure, dans la tragédie israélo-palestinienne. Ils ne peuvent avoir dès lors qu'une vision biaisée, instinctivement soucieuse d'éviter l'éveil d'une réalité si bien refoulée, mais toujours dramatiquement active au sein du cauchemar vécu par les Israéliens et les Palestiniens.

En marge des raisons de politique internationale évidentes, si ces grandes puissances sont restées liées, si fascinées, à Israël et à la Palestine, c'est bien qu'au Proche-Orient se déroulent encore, à distance, depuis des décennies, les prolongements statiques de leur propre et pire histoire, dont elles ne parvenaient ni ne parviennent à se détacher et dont les épreuves échouent encore à ceux qui en furent les martyrs et à d'autres qui en furent innocents. Ces puissances espéraient (c'était inconscient) avoir à jamais transplanté dans le présent de ces régions étrangères les traces et les séquelles du passé funèbre qui hantait les mémoires, altérait les consciences. Il se trouve que l'avenir tragique d'Israël et de la Palestine, imprévu surtout à ce degré, a beaucoup fait pour le camoufler. Y jouer les bons offices, y tenir les rôles vertueux de guide et d'arbitre, voilà qui garantit les amnisties de l'oubli, prend valeur d'acquittement et rétablit l'autorité morale de ces puissances, les affranchissant des remous d'un passé récusé.

Passé dont les contemporains auront bientôt tous disparu. Bientôt, on pourra penser de ceux qui en furent les victimes qu'ils seraient aujourd'hui tous morts de toute façon. Morts, même s'il leur avait été permis de traverser les chaos d'une vie, ses trajets, d'expérimenter les joies, les douleurs et les torpeurs, les éveils d'une existence aux normes. Bientôt, il n'y aura plus personne pour penser à eux comme à des vivants potentiels éliminés ; ils auront rejoint la masse, comme souvent anonyme, des êtres cimentés par l'Histoire et qui la cimentent. Ils demeureront de moins en moins ces corps virtuels perçus comme la chair supprimée du siècle. Et nul juif épargné ne pourra plus se dire : « Cela aurait pu, aurait dû être moi. » Ou même étrangement éprouver : « Ce le fut. »

Les noms des camps de Sobibor, Dachau, Treblinka, d'Auschwitz n'auront plus le même son. S'atténueront, puis s'effaceront alors ces gestes d'impatience, ces épaules haussées, cette expression harcelée face à la mémoire de ces temps pourtant politiquement interminables ; cette exaspération face aux rappels, aux constats, aux nomenclatures s'essayant sans fin à l'approche d'événements révolus, à jamais en attente, à jamais en demande d'élucidation.

Le sens insensé des noms de Belzec, Bergen-Belsen, Maïdanek, Chelmno n'aura plus été pour personne actuel. Ce passé n'aura plus la voix, le poids du présent. Les camps ne seront plus ouverts aux fantasmes des épargnés, nul ne sera plus de ces fantômes vivants qui, même sans y être allés (ou pour cela même), les hantent encore. Nul juif (ou non) ne se sentira plus coupable (à tort) d'en avoir été absent, malgré sa présence alors en ce monde. Nul juif, nulle juive ne s'en accusera plus. Nul de ceux qui furent visés, qui échappèrent à leur menace, n'aura plus le sentiment absurde qu'un autre y a pris sa place, un autre dont il aura, en somme, usurpé la vie. Nul n'éprouvera plus le sentiment inexact de se croire coupable du fait que cela lui fut évité.

Ces temps-là, alors sombrés dans le cloaque d'une Europe infernale aujourd'hui disparue, ne peuvent se confondre avec aucun processus en Palestine. Ce passé européen défunt, qui a décimé les juifs par millions et entendait tous les exterminer, n'a rien à voir avec le Proche-Orient, même s'il y a conduit nombre de ceux qui y avaient survécu. Il faut restituer ces temps à leur juste place dans la mémoire universelle : inoubliables, irréparables, mais achevés; leurs séquelles au Proche-Orient dès lors reconnues comme issues d'annales tragiques générées ailleurs et dont le contenu, ailleurs désactivé, s'acharne à en finir ici avec ce dont il est impossible de venir à bout.

On se souvient d'Hannah Arendt transférant sur « les boucheries d'Hitler » les victoires israéliennes. Rappelons Menahem Begin confiant à Ronald Reagan en août 1982, après le bombardement de Beyrouth : « J'ai le sentiment d'avoir envoyé l'armée à Berlin pour détruire Hitler », non sans avoir déjà prévenu son propre gouvernement : « L'alternative, c'est Treblinka. » À quoi Amos Oz, grand écrivain israélien, avait répondu par voie de presse : « Hitler est déjà mort, monsieur le Premier ministre ! », et poursuivi : « Adolf Hitler a détruit un tiers du peuple juif [...]. Parfois, comme beaucoup de Juifs, j'éprouve au fond de moi-même une souffrance sourde de n'avoir pas tué Hitler de mes propres mains. Je suis sûr que les mêmes fantasmes vous hantent. Des dizaines de milliers d'Arabes morts ne guériront pas cette blessure. Monsieur Begin, Adolf Hitler est mort il y a trente-sept ans. Qu'on le déplore ou non, c'est un fait : Hitler ne se cache pas à Nabatyeh, ni à Sidon, ni à Beyrouth. Il est bel et bien mort[1]. » Scandaleusement scandaleuse, la comparaison fut, est toujours souvent osée dans l'autre sens, entre Israël et l'Allemagne nazie. Ineptes, ces régressions dénoncent la dérive fantasmatique qui imagine la tragédie européenne nazie déplacée, réactualisée au Proche-Orient ; les rôles de nazis octroyés à des juifs eux-mêmes ou à des Arabes, à des Israéliens, à des Palestiniens – rôles qui n'appartiennent plus à aucun répertoire et qui furent la propriété exclusive d'antisémites européens.

Ainsi des spectres rôdent-ils en des lieux qui ne sont pas les leurs et créent une déviation, même une perte de sens, lesquelles rendent les événements de cette région historiquement intraduisibles et sans fin inaboutis.

1. Plus sage que Menahem Begin fut David Ben Gourion, alors octogénaire et qui, à des jeunes gens israéliens, dont Tom Segev, tous avides d'apprendre comment il percevait le génocide nazi, lança, refusant de donner du sens à l'insensé et à l'absence des absents, cette réponse shakespearienne dans sa brutalité : « Qu'y a-t-il là à comprendre, ils sont tous morts, c'est tout. » *In* Tom Segev, *Le Septième Million*, *op. cit.*

Spectres qui ne sont pas ceux de la mémoire, mais lui font au contraire écran, comme aussi au présent, privant les deux peuples d'un accès direct l'un à l'autre et à leur propre histoire et les maintenant dans un engrenage dont ils ne sont et n'ont jamais été les maîtres.

À identifier, à prendre en compte ces prémisses esquivées, à les discerner, les situer, analyser leur influence, le jeu de leurs répercussions, à les décrypter, à parvenir à les scinder de l'Histoire actuelle et à s'en délivrer, les deux peuples auraient une chance de rencontrer ensemble leur histoire exacte, l'histoire de leur Histoire et d'en découvrir le récit véritable, âpre, injuste, de le remonter de concert, cette fois visité simultanément par leurs deux points de vue à vif, exposés. Repérer quels furent les initiateurs de leurs épreuves et quels en furent les enjeux véritables, permettrait aux deux nations d'atteindre à leur présent conjoint dans son exactitude, dans sa réalité ; une chance qu'ils n'ont jamais prise et qui leur donnerait peut-être celle de s'extraire d'une routine au moins séculaire, qui les fige toujours dans le même schéma et les bloque dans la redondance des agressions et des représailles.

Reconnaîtraient-ils alors leurs conflits comme ne résultant pas d'une hostilité réciproque atavique, incontournable, mais comme une traversée cruelle vécue par eux deux au sein d'un monde à tous deux réticent ? Et leur antagonisme comme devenu à la longue et, pour féroce qu'il soit, étrangement intime, routinier, de l'ordre de la tradition – paradoxalement le seul lien entre deux histoires qui, superposées, ne se rejoignent pas et qui, cependant, suivent toutes deux leur cours dramatique sur un même territoire excessivement ténu, accoutré en puzzle, puis en bribes de puzzle, en miettes de ces bribes et dont chaque centimètre pèse d'un tel poids de désir, d'inquiétude de la part des deux bords, quelles que puissent être leurs puissances et leurs fautes respectives.

Une Histoire devenue synchrone, un désastre commun. *Une même déviation du politique au passionnel.* Et des deux parts la même déchirante, savante ténacité. Un même rapport à la mémoire. Un même dédain de ses propres échecs, une même aptitude à leur dépassement. Et, quant au drame qui les accable, cette même origine à laquelle ils ne se réfèrent pas, qui les cloître dans « la tragédie de l'inamovibilité d'un passé ineffaçable », celui de l'Europe pensé par Emmanuel Levinas, et « qui condamne l'initiative à n'être qu'une continuation », non pas une réitération, moins encore une duplication du passé, mais, toujours selon Levinas, une stagnation dans l'impossible dépassement du « fait accompli, emporté par un présent qui fuit, échappe à jamais à l'emprise de l'homme, mais pèse sur son destin ».

Au vrai, l'abord politique de cette tragédie n'appartient qu'aux seuls deux peuples en conflit, aux prises avec des pièges, des faits dont la source ne leur incombe pas, du moins pas comme il le semble. Ils sont seuls à les subir, seuls à même de les connaître, de les *reconnaître* ensemble et d'ensemble tenter de dépasser ce dont la responsabilité première appartient à ceux-là mêmes qui entendent les patronner et dont ils attendent les arbitrages[1]. Seuls à même de refuser la politique ressassée jusqu'à ces jours, seuls à même d'exiger la paix.

Quand ces deux peuples se rencontreront-ils sans intermédiaires grandioses, sans béquilles, mais entre eux, entre deux nations adultes, autonomes, mais non dans le sang, les ruines, non dans le système maniaque des agressions, des attentats, des représailles, non dans l'occupation de l'un d'eux par l'autre ni dans l'Intifada, non dans les bombardements, ni dans les explosions de kamikazes, mais entre deux pays valides, dans le simple respect du Droit international et de ses décisions? Quand négocieront-ils accompagnés, aidés par les Nations unies, par une véritable médiation internationale dans des conditions à définir alors, mais non régentés par quelques pays comme s'il s'agissait, en somme, d'opérations privées? Quand seront-ils capables, au lieu de contester l'existence de l'autre, *de croire chacun à la sienne propre*, sans avoir pour s'en persuader à nier celle de l'autre, niant ainsi leur propre légalité. Quand tiendront-ils compte, tous deux et ensemble, de leurs droits réels, de leur autonomie respective au sein des nations?

En est-il temps encore? S'agit-il aujourd'hui, s'agira-t-il longtemps de la même Histoire, des mêmes repères en ce monde en mutation? Les données vont-elles demeurer

1. Un contrôle international serait, certes, indispensable pour faire respecter les mesures prises par d'éventuels accords de paix – il le serait d'ailleurs aujourd'hui pour faire respecter des accords déjà signés et qui ne sont pas honorés.

les mêmes que durant la longue période opportune que l'on a laissé passer ?

L'urgence est grande de renoncer, de part et d'autre, à ce « Chacun de nous veut la Palestine » et toute la Palestine, si bien perçu par Ben Gourion, et de dépasser ainsi la méfiance, la peur impliquées par le soupçon, quelles que puissent être les circonstances, de la pérennité d'une telle volonté chez l'autre, qu'il soit en position de force ou non – peur et méfiance qui (souvent des alibis) entraînent le refus de prendre *le risque de la paix.*

Cette paix, pour y atteindre, le sacrifice sera nécessaire des deux côtés de renoncer au ressassement des torts, des injustices, des violences meurtrières, de l'horreur localisés en ce drame du Proche-Orient et de ne pas chercher qui, des deux adversaires, fut d'abord et surtout responsable de ces détresses. Elles sont d'abord issues de tant de détresse juive, de crimes antisémites fomentés et perpétrés en Europe et sur lesquels on ne peut plus revenir. Détresses initiées en cet Occident qui n'en pâtit pas et c'est *très* heureux ; ce qui ne l'est pas, c'est de voir les séquelles de ses fautes assumées à la fois par ceux qui en furent les victimes et par des suppléants qui, de décennies en décennies, se débattent et se battent entre eux à partir d'éléments qui ne sont plus à portée de personne, dont nul ne possède plus désormais les codes et dont nul, ici, ne fut jamais coupable.

À discerner ces éléments et à s'en dégager de concert, Israël et la Palestine auraient une chance d'émerger ensemble de l'impasse, non dans l'allégresse, dans le triomphe d'aucune des deux nations, mais avec à la clé, de part et d'autre, la réalité d'un destin politique et décent, vivable dans la paix. Et, pour chacun des deux pays, la capacité d'une gestion réelle de son propre présent débarrassé d'événements antérieurs monstrueux, dont aucun d'eux n'eut le contrôle, mais dont ils furent ensemble les héritiers.

Une idylle ne serait pas à espérer, mais un glissement hors des automatismes binaires, manichéens, des parrainages altiers, incohérents, de tant de surdités et vers une dynamique que leur permettrait cette vitalité singulière qu'ils ont en partage. Demeureraient alors deux peuples aux passés moins divergents qu'ils le croient, aux destins moins adverses qu'il ne semble. Deux nations jeunes, vibrantes plus que d'autres, aucune d'elles blasée. Toutes deux victorieuses et vaincues – toutes deux énergiques, hagardes, douées d'une foi poignante, problématique et cependant inaltérable en l'avenir. Toutes deux amoureuses d'une même terre et, par là même et dans le paradoxe, sans doute aptes à se comprendre car toutes deux dans le désir et moins dans un souci de propriété que dans la soif, chacune, de la preuve et d'une garantie de sa propre existence et, surtout, sur cette planète barbare et minaudière, en ce monde fascinant, de son droit au respect.

Notes et références

Page 11 :

« Créer un problème racial en Australie » : discours du ministre australien du Commerce et des Douanes à la conférence *in* Arthur Morse, *Tandis que six millions de Juifs mouraient*, Paris, Robert Laffont, 1968.

Henri Bérenger *in* Catherine Nicault, « L'abandon des Juifs avant la Shoah. La France et la conférence d'Évian », in *Cahiers de la Shoah*, vol. I, Paris, Liana Levi, 1994.

« La délégation évite tout engagement précis » : note de Pierre Arnal au ministre, 12 juillet 1938, *in* Arthur Morse, *Tandis que six millions de Juifs mouraient, op. cit.*

Discours d'Hitler à Koenigsberg *in* Arthur Morse, *Tandis que six millions de Juifs mouraient, op. cit.*

Page 12 :

Hitler railleur *in* Léon Poliakov, *Bréviaire de la haine*, Paris, Calmann-Lévy, 1951.

Hitler ironique *in* Arthur Morse, *Tandis que six millions de Juifs mouraient, op. cit.*

Goering *in* Léon Poliakov, *Bréviaire de la haine, op. cit.*

Goebbels *in ibid.*

Page 15 :

Georges Bonnet et von Ribbentrop (Compte rendu de Ribbentrop à Hitler, le 9 décembre 1938, *Documents on German Foreign Policy*, Washington.) *in* Raul Hilberg, *La Destruction des Juifs d'Europe*, Paris, Fayard, 1988.

Page 19 :

David Ben Gourion *in* Tom Segev, *Le Septième Million. Les Israéliens et le génocide*, Paris, Liana Levi, 1998.

Page 20 :

Hannah Arendt, *Auschwitz et Jérusalem*, Paris, DeuXTierce, 1991.

Suisse *in Le Monde*, 3 janvier 2004.

Page 21 :

Édouard de Haller *in* Commission indépendante d'experts, *La Suisse et les réfugiés à l'époque du national-socialisme*, Paris, Fayard, 1999.

Page 22 :

Max Huber. Croix Rouge *in ibid.*

Page 28 :

Foreign Office *in* David Wyman, *L'Abandon des Juifs. Les Américains et la solution finale*, Paris, Flammarion, 1987.

Page 30 :

Message du ghetto de Varsovie *in* Arthur Morse, *Tandis que six millions de Juifs mouraient, op. cit.*

Page 33 :

États-Unis. Déclaration du conseiller juridique du Département d'État en 1933 *in* David Wyman, *L'Abandon des Juifs, op. cit.*

Page 34 :

Joseph Tenenbaum *in* Raul Hilberg, *La Destruction des Juifs d'Europe, op. cit.*

Page 35 :

Cordell Hull *in ibid.*

Anthony Eden *in* David Wyman, *L'Abandon des* Juifs, *op. cit.*

Page 36 :

Ministère britannique de la Guerre économique *in ibid.*

Page 40 :

Harrison Gerhart *in* Raul Hilberg, *La Destruction des Juifs d'Europe, op. cit.*

Page 41 :

« La cible d'Auschwitz » *in ibid.*

Page 43 :

Erich von dem Bach-Zelewsky *in ibid.*

Page 45 :

Lettre citée par Robert Badinter dans *Un antisémitisme ordinaire*, Paris, Fayard, 1997. Lire dans le même ouvrage une lettre antérieure de Pierre Masse, s'adressant aussi au Maréchal, et s'élevant avec une ironie magistrale contre le premier Statut des Juifs, en 1940.

Page 47 :

Hermann Friedrich Graebe *in* Léon Poliakov, *Bréviaire de la haine, op. cit.*

Page 50 :

Georges Didi-Huberman, *Images malgré tout*, Paris, Minuit, 2004.

Page 52 :

Ian Karski *in* Claude Lanzmann, *Shoah*, Paris, Fayard, 1985.

Page 54 :

« Faire respecter le consentement au lieu de la justice » *in* Hannah Arendt, *L'Impérialisme*, Paris, Fayard, 1982.

Page 55 :

David Rousset, *L'Univers concentrationnaire*, Paris, Minuit, 1945.

Page 60 :

« Des bêtes qui parlent » *in* Albert Memmi, *Portrait du colonisateur, Portrait du colonisé*, Paris, Gallimard, 1985.

Page 66 :

Paul Reynaud *in* Nicolas Bancel et Pascal Blanchard, *De l'indigène à l'émigré*, Paris, Gallimard, 1998.

Page 70 :

Général Eisenhower *in* Anne Grynberg, *La Shoah. L'impossible oubli*, Paris, Gallimard, 1995.

Page 75 :

Simone Veil *in ibid.*

Page 82 :

Déclarations de David Ben Gourion en 1942 et 1950 *in* Tom Segev, *Le Septième Million, op. cit.*

Ben Gourion à propos des enfants européens juifs *in* Benny Morris, *Victimes. Histoire revisitée du conflit arabo-sioniste*, Bruxelles, Complexe, 2003.

Page 83 :

Moshe Sharett *in* Tom Segev, *Le Septième Million, op. cit.*

Hannah Arendt, *Eichmann à Jérusalem. Rapport sur la banalité du mal*, Paris, Gallimard, 1991 (1re édition, 1966).

Itzhak Gruenbaum *in* Tom Segev, *Le Septième Million, op. cit.*

Page 84 :

David Ben Gourion *in ibid.*

Page 85 :

Haïm Gouri, *Face à la cage de verre. Le procès Eichmann, Jérusalem, 1961*, Paris, Tirésias, 1996. Cité par Tom Segev, *Le Septième Million, op. cit.*

Page 88 :

Hannah Arendt, *Auschwitz et Jérusalem, op. cit.*

Page 91 :

« Une heure de vie » : souvenir d'un survivant du ghetto de Kausas *in* Raul Hilberg, *La Destruction des Juifs d'Europe, op. cit.*

Adresse des membres du Conseil juif de Budapest *in* Raul Hilberg, *La Destruction des Juifs d'Europe, op. cit.*

« Faire sortir le temps de ses gongs » *in* William Shakespeare, *Hamlet.*

Page 92 :

Loi de 1791 *in* Robert Badinter, *Libres et égaux. L'émancipation des Juifs, 1789-1791*, Paris, Fayard, 1989.

Page 96 :

Karl Lueger *in* Raul Hilberg, *La Destruction des Juifs d'Europe, op. cit.*

Page 101 :

Bloch *in À la recherche du temps perdu*, Paris, Gallimard, « Bibliothèque de la Pléiade ».

Page 107 :

Prince de Guermantes : Marcel Proust, *À la recherche du temps perdu, op. cit.* C'est Jean Pavans qui nous a rappelé ce trait de Gilbert de Guermantes.

Page 110 :

Charles Swann *in ibid.*

Page 112 :

Levinas, cité par Jean-Marie Rouart, *Adieu à la France qui s'en va*, Paris, Grasset, 2003.

Page 115 :

« Juifs citoyens… » *in* Robert Badinter, *Libres et égaux, op. cit.*

Page 122 :

Leev Jabotinski *in* Georges Bensoussan, *Une histoire intellectuelle et politique du sionisme, 1860-1940*, Paris, Fayard, 2002.

Page 123 :

Jean Daniel, *La Prison juive*, Paris, Odile Jacob, 2003.

Général Dayan *in Faucons et colombes, les généraux israéliens en politique : Moshe Dayan*, reportage de Paul Jenkins, Arte, 29 octobre 2003.

Page 128 :

T. E. Lawrence *in* Henri Laurens, *La Question de Palestine*, t. 1, Paris, Fayard, 1999.

Yitzhak Epstein *in* Georges Bensoussan, *Une histoire intellectuelle et politique du sionisme, 1860-1940, op. cit.*

Shimon Peres *in* Robert Littell, *Conversations avec Shimon Peres*, Paris, Denoël, 1997.

Yosef Luria *in* Georges Bensoussan, *Une histoire intellectuelle et politique du sionisme, 1860-1940, op. cit.*

Page 129 :

Moshe Sharett *in ibid.*

Eliezer Ben Yehuda *in* Denis Charbit, « Le sionisme et les Palestiniens », *in* Union des étudiants juifs de France, *Le Sionisme expliqué à nos potes*, Paris, La Martinière, 2003.

Page 130 :

Ahad Haam *in* Henri Laurens, *La Question de Palestine, op. cit.*

Israël Zangwill *in* Denis Charbit, *Sionismes. Textes fondamentaux*, Paris, Albin Michel, 1998.

Yosef Brenner *in* Georges Bensoussan, *Une histoire intellectuelle et politique du sionisme, 1860-1940, op. cit.*

Page 131 :

Moshe Lilienblum *in* Benny Morris, *Victimes : histoire revisitée du conflit arabo-sioniste, op. cit.*

Heinrich Wolff *in ibid.*

Page 132 :

Ahad Haam *in* Georges Bensoussan, *Une histoire intellectuelle et politique du sionisme, 1860-1940*, *op. cit.*

Eliezer Ben Yehuda *in* Henri Laurens, *La Question de Palestine*, *op. cit.*

Page 133 :

Menahem Ussihkin *in* Tom Segev, *Le Septième Million*, *op. cit.*

Page 137 :

Yitzhak Epstein *in* Denis Charbit, *Sionismes. Textes fondamentaux*, *op. cit.*

Ahad Haam *in ibid.*

Yitzhak Epstein *in ibid.*

Page 140 :

Der Yassin : archives centrales sionistes. Camp d'immigrants de Givat Shaul *in* Tom Segev, *Les Premiers Israéliens*, Paris, Calmann-Lévy, 1998.

Page 141 :

Yitzhak Epstein *in* Denis Charbit, *Sionismes. Textes fondamentaux*, *op. cit.*

Page 144 :

« Appel général aux Palestiniens », *in* Benny Morris, *Victimes*, *op. cit.*

David Ben Gourion *in ibid.*

Moshe Sharett *in ibid.*

Page 146 :

David Ben Gourion *in ibid.*

George Rendel *in ibid.*

Page 147 :

Chaïm Weizmann *in ibid.*

David Ben Gourion à son fils Amos *in ibid.*

Page 148 :

David Ben Gourion dans son journal *in* Georges Bensoussan, *Une histoire intellectuelle et politique du sionisme, 1860-1940, op. cit.*

David Ben Gourion à Zurich puis à la réunion de l'Agence juive *in* Benny Morris, *Victimes, op. cit.*

Arthur Rupin *in* Georges Bensoussan, *Une histoire intellectuelle et politique du sionisme, 1860-1940, op. cit.*

David Ben Gourion en 1944 *in* Benny Morris, *Victimes, op. cit.*

Page 150 :

Abdulhamid II *in* Henri Laurens, *La Question de Palestine, op. cit.*

Page 167 :

Ahad Haam *in* Denis Charbit, *Sionismes. Textes fondamentaux, op. cit.*

Page 169 :

Bernard Lazare : « Vous voulez nous envoyer à Sion… » *in* Georges Bensoussan, *Une histoire intellectuelle…, op. cit.*

Page 173 :

Sulayman Tuqan *in* Henri Laurens, *La Question de Palestine*, t. 2., Paris, Fayard, 2002.

Page 176 :

Léon Daudet *in* Gilbert Michlin, *Aucun intérêt du point de vue national*, Paris, Albin Michel, 2001.

Jean Giraudoux, *Pleins pouvoirs*, Paris, Gallimard, 1939. Réédition : *De pleins pouvoirs à Sans pouvoirs*, Paris, Julliard, 1994.

Page 177 :

Louis-Ferdinand Céline *in* Pierre Birnbaum, *La France aux Français. Histoire des haines nationalistes*, Paris, Seuil, 1993.

Drieu la Rochelle *in ibid.*

Page 178 :

David Ben Gourion en 1938 *in* Benny Morris, *Victimes, op. cit.*

Le même, en 1936, *in* Georges Bensoussan, *Une histoire intellectuelle…, op. cit.*

Page 180 :

Sigmund Freud cité par Henri Tinq *in Le Monde*, 5 juillet 2003.

Lettre à Albert Einstein *in Le Monde*, 8 août 2003.

Page 182 :

Israël Zangwill *in* Benny Morris, *Victimes, op. cit.*

Menahem Ussishkin *in ibid.*

Page 184 :

Theodor Herzl, *L'État des Juifs*, Paris, La Découverte, 2003.

Page 186 :

David Ben Gourion en 1937 *in* Tom Segev, *Le Septième Million, op. cit.*

Page 189 :

Mémoire du gouvernement français au ministre des Affaires étrangères du Reich au cours de la Conférence d'Évian *in* Georges Bensoussan, *Histoire de la Shoah*, Paris, PUF, « Que sais-je ? », 1996.

Déclarations du juge américain Robert Jackson *in* Raul Hilberg, *La Destruction des Juifs d'Europe, op. cit.*

Page 192 :

Procès des nazis en Allemagne : sources Raul Hilberg, *La Destruction des Juifs d'Europe, op. cit.*

Page 193 :

Dr Becker *in ibid.*

Page 194 :

Lettre d'Otto Ambros à la direction d'IG Farben *in* Léon Poliakov, *Auschwitz*, Paris, Julliard, 1964.

Page 195 :

Interview d'Otto Ambros en 1982 par un journaliste du *San Francisco Chronicle in* Raul Hilberg, *La Destruction des Juifs d'Europe, op. cit.*

Page 196 :

Himmler *in ibid.*

Page 197 :

Hans Fritzsche *in* Michel C. Vercel, *Les Rescapés de Nuremberg*, Paris, Albin Michel, 1966.

Page 199 :

Theodor Herzl, *L'État des Juifs, op. cit.*

Shimon Peres *in* Robert Littell, *Conversations avec Shimon Peres, op. cit.*

Page 200 :

Daniel Barenboïm, *Le Nouvel Observateur*, 22-28 janvier 2004.

Page 208 :

Menahem Begin à Ronald Reagan *in* Tom Segev, *Le Septième Million, op. cit.*

Amos Oz *in ibid.*

Page 211 :

Emmanuel Levinas, *Quelques réflexions sur la philosophie hitlérienne*, Paris, Payot/Rivages, 1997.

Bibliographie

Agamben, Giorgio, *Ce qui reste d'Auschwitz*, Paris, Payot/Rivages, 1999.

Allen, William S., *Une petite ville nazie*, préface d'Alfred Grosser, Paris, Robert Laffont, 1967.

Amery, Jean, *Au-delà du crime et du châtiment*, Arles, Actes Sud, 1995.

Andics, Hellmut, *Histoire de l'antisémitisme*, Paris, Albin Michel, 1967.

Antelme, Robert, *L'Espèce humaine*, Paris, Minuit, 1947.

— *Textes inédits sur l'espèce humaine*, Paris, Gallimard, 1966.

Arendt, Hannah, *La Tradition cachée*, Paris, Christian Bourgois, 1987.

—, *Auschwitz et Jérusalem*, Paris, DeuXTierce, 1991.

—, *Les Origines du totalitarisme. Eichmann à Jérusalem – Correspondances croisées*, sous la direction de Pierre Bouretz, Gallimard, « Quarto », 2002.

Arendt, Hannah, et Blücher, Heinrich, *Correspondance*, Paris, Calmann-Lévy, 1999.

Arendt, Hannah, et Heidegger, Martin, *Lettres et autres documents*, Paris, Gallimard, 2001.

Attali, Jacques, *Les Juifs, le monde et l'argent*, Paris, Fayard, 2002.

Ayçoberry, Pierre, *La Société allemande sous le IIIe Reich, 1933-1945*, Paris, Seuil, 1998.

Badinter, Robert, *Libres et égaux. L'émancipation des Juifs, 1789-1791*, Paris, Fayard, 1989.

—, *Un antisémitisme ordinaire. Vichy et les avocats juifs, 1940-1944*, Paris, Fayard, 1997.

Balencie, Jean-Marc, et La Grange, Arnaud de (dir.), *Mondes rebelles*, présentation de Jean-Christophe Ruffin, Paris, Michalon, 2001.

Balibar, Antoine ; Brauman, Rony ; Butler, Judith, *Antisémitisme : l'intolérable chantage*, Paris, La Découverte, 2002.

Ball, Adrian, *Le Dernier Jour du vieux monde*, Paris, Robert Laffont, 1963.

Bancel, Nicolas, et Blanchard, Pascal, *De l'indigène à l'émigré*, Paris, Gallimard, 1998.

Barnavi, Elie, *Lettre ouverte aux Juifs de France*, Paris, Stock/Bayard, 2002.

Baron, Xavier, *Les Palestiniens. Genèse d'un peuple*, Paris, Seuil, 1977.

Baudelaire, Charles, *Les Fleurs du mal*, Paris, Gallimard, 1999.

Bauer, Yehuda, *Repenser l'Holocauste*, postface d'Annette Wieviorka, Paris, Autrement, 2001.

Bauman, Zygmunt, *Modernité et Holocauste*, Paris, La Fabrique, 1989.

Bédarida, François, *Le Génocide et le nazisme*, Paris, Nathan, 1989.

Ben-Ami, Shlomo, *Quel avenir pour Israël ?*, Paris, PUF, 2001.

Benbassa, Esther, *La République face à ses minorités. Juifs d'hier et musulmans d'aujourd'hui*, Paris, Mille et une nuits, 2004.

Bensoussan, Georges, *Génocide pour mémoire. Des racines du désastre aux questions d'aujourd'hui*, Paris, Félin, 1989.

—, *Une histoire intellectuelle et politique de la Shoah, 1860-1940*, Paris, Fayard, 2002.

—, *Histoire de la Shoah*, Paris, PUF, « Que sais-je ? », 1996

—, *Auschwitz en héritage ? D'un bon usage de la mémoire*, Paris, Mille et une nuits, 2003.

Bishara, Marwan, *Palestine-Israël : la paix ou l'apartheid*, Paris, La Découverte, 2002.

Billig Joseph, *L'Hitlérisme et le système concentrationnaire*, Paris, PUF, 2000.

Birnbaum, Pierre, *La France aux Français. Histoire des haines nationalistes*, Paris, Seuil, 1993.

—, *L'Affaire Dreyfus, la république en péril*, Paris, Gallimard, 1994.
—, *Le Moment antisémite. Un tour de la France en 1898*, Paris, Fayard, 1998.
—, *Géographie de l'espoir. L'exil, les Lumières, la désassimilation*, Paris, Gallimard, 2004.
Boniface, Pascal, *Est-il permis de critiquer Israël ?*, Paris, Robert Laffont, 2003.
Botiveau, Bernard, *L'État palestinien*, Paris, Presses de Sciences Po, 1999.
Bouretz, Pierre, *Témoins du futur. Philosophie et messianisme*, Paris, Gallimard, 2003.
Boveri, Margret, *De la trahison au XXe siècle*, Paris, Gallimard, 1977.
Bredin, Jean-Denis, *L'Affaire*, Paris, Fayard/Julliard 1993.
—, *Bernard Lazare*, Paris, Éd. de Fallois, 1992.
Broudel, Philippe, *Histoire des Juifs de France*, 2 vol., Paris, Albin Michel, 1974.
Browning, Christopher R., *Des hommes ordinaires. Le 101e bataillon de réserve de la police allemande et la solution finale en Pologne*, Paris, Les Belles Lettres, 2002.
Burrin, Philippe, *Hitler et les Juifs*, Paris, Seuil, 1989.
Calimani, Riccardo, *L'Errance juive*, Paris, Denoël, 2003.
Chacham, Ronit, *Rompre les rangs. Être refuznik dans l'armée israélienne*, Paris, Fayard, 2003.
Charbit, Denis, *Sionismes. Textes fondamentaux*, Paris, Albin Michel, 1998.
Charny, Israël W. (dir.), *Le Livre noir de l'humanité. Encyclopédie mondiale des génocides*, préfaces de Simon Wiesenthal et Desmond Tutu, sous la direction d'Israël W. Charny, Paris, Privat, 2001.
Closets, François de, *Ne dites pas à Dieu ce qu'il doit faire*, Paris, Seuil, 2004.
Conan, Éric, *Le Procès Papon*, Paris, Gallimard, 1998.
Conan, Éric, et Rousso, Henri, *Vichy, un passé qui ne passe pas*, Paris, Fayard, 1994.

Corm, Georges, *Le Proche-Orient éclaté, 1956-2003*, Paris, Gallimard, « Folio », 2003.
Curtis, Michael, *Verdict in Vichy*, Weidenfield and Nicholson, 2002.
Czerniaków, Adam, *Carnets du ghetto de Varsovie*, préface de Raul Hilberg et Stanislav Staron, Paris, La Découverte, 1996.
Daniel, Jean, *La Guerre et la Paix. Israël-Palestine (Chroniques 1956-2003)*, Paris, Odile Jacob, 2003.
—, *La Prison juive*, Paris, Odile Jacob, 2003.
Decrop, Geneviève, *Des camps aux génocides*, préface de Pierre Vidal-Naquet, Presses universitaires de Grenoble, 1995.
Defay, Alexandre, *Géopolitique du Proche-Orient*, Paris, PUF, « Que sais-je ? ».
Delarue, Jacques, *Histoire de la Gestapo*, Paris, Fayard, 1996.
Des voix sous la cendre. Manuscrits des Sonderkommandos d'Auschwitz-Birkenau, Paris, Somogy/Centre de documentation juive contemporaine, 2001.
La Déportation, Fédération nationale des déportés et internés résistants et patriotes, préface de Louis Martin-Chauffier, Paris, FNDIRP, 1985.
Didi-Huberman, Georges, *Images malgré tout*, Paris, Minuit, 2004.
Dieckoff, Alain, *Invention d'une nation. Israël et la modernité politique*, Paris, Gallimard, 1993.
Dray, Joss, et Siefer, Denis, *La Guerre israélienne de l'information*, Paris, La Découverte, 2002.
Dressen, W., Klee, E., et Riess, V., *Pour eux, c'était le bon temps*, Paris, Plon, 1990.
Dreyfus, Jean-Marc, *Pillages sur ordonnances. Aryanisation et restitution des banques en France, 1940-1953*, Paris, Fayard, 2003.
Dreyfus, Jean-Marc, et Gensburger, Sarah, *Des camps dans Paris*, Paris, Fayard, 2003.
Droit antisémite de Vichy, Paris, Seuil, « Le genre humain », 1996.
Ehrenburg, Ilya, et Grossman, Vassili, *Le Livre noir sur l'extermination des Juifs en URSS et en Pologne*, 2 volumes, Paris, LGF, 2001.
Enderlin, Charles, *Le Rêve brisé. Histoire de l'échec des négocia-*

tions du processus de paix au Proche-Orient, 1995-2002, Paris, Fayard, 2002.
—, *Paix ou guerre. Les secrets des négociations israélo-arabes 1917-1995*, Paris, Fayard, 2004.
Faure, Claude, *Shalom, Salam*, Paris, Fayard, 2002.
Faye, Jean-Pierre, *Introduction au langage totalitaire. Théorie et transformation du récit*, Paris, Hermann, 2002.
—, *Langages totalitaires. La raison critique de l'économie narrative*, Paris, Hermann, 1980.
Ferro, Marc, *Pétain*, Paris, Fayard, 1987.
Ferro, Marc (dir.), *Le Livre noir du colonialisme*, Paris, Robert Laffont, 2003.
Finkielkraut, Alain, *Le Juif imaginaire*, Paris, Seuil, 1980.
—, *La Mémoire vaine*, Paris, Gallimard, 1989.
—, *L'Avenir d'une négation. Réflexion sur la question du génocide*, Paris, Seuil, 1982.
—, *Au nom de l'Autre*, Paris, Gallimard, 2003.
Finzi, Roberto, *L'Antisémitisme. Du préjugé au génocide*, Bruxelles, Casterman, 1997.
Forrester, Viviane, *Ce soir, après la guerre*, Paris, Lattès, 1992, Fayard, 1997.
Frank, Philippe, *Einstein, sa vie et son temps*, Paris, Albin Michel, 1950.
Frankel, Roger, et Fraenkel, Heinrich, *Le Crime absolu*, Paris, Stock, 1968.
Frei, Norbert, *L'État hitlérien et la société allemande*, préface d'Henri Rousso, Paris, Seuil, 1994.
Fresco, Nadine, *La Fabrication d'un antisémite*, Paris, Seuil, 1999.
Friedlander, Saul, *L'Antisémitisme nazi*, Paris, Seuil, 1971.
—, *L'Allemagne nazie et les Juifs*, Paris, Seuil, 1997.
Frischer, Dominique, *Le Moïse des Amériques. Vie et œuvres du munificent baron de Hirsch*, Paris, Grasset, 2002.
Giraudoux, Jean, *Pleins pouvoirs*, Paris, Gallimard, 1939. Réédition : *De pleins pouvoirs à Sans pouvoirs*, Paris, Julliard, 1994.
Goldhagen, Daniel Jonah, *Les Bourreaux volontaires de Hitler*, Paris, Seuil, 1998.

Gouri, Haïm, *Face à la cage de verre. Le procès Eichmann, Jérusalem, 1961*, préface de Alain Finkielkraut, Paris, Tirésias, 1996.
Gori, Uki, *The Real Odessa*, Granta Books, 2002.
Greilsammer, Ilan, *Une nouvelle Histoire d'Israël*, Paris, Gallimard, 1998.
Grmek, Mirko Drazen, et Lambrichs, Louise L., *Les Révoltés de Villefranche*, Paris, Seuil, 1998.
Gros, Dominique, *Le Droit antisémite de Vichy*, Paris, Seuil, 1996.
Grossman, Vassili, *L'Enfer de Treblinka*, Paris, Arthaud, 1945.
Grynberg, Anne, *La Shoah. L'impossible oubli*, Paris, Gallimard, 1995.
—, « L'accueil des réfugiés d'Europe centrale en France, 1933-1939 », *in Cahiers de la Shoah*, vol. I, Paris, Liana Levi, 1994.
—, *Vers la terre d'Israël*, Paris, Gallimard, 1998.
—, *Les Camps de la honte. Les internés juifs des camps français, 1939-1944*, Paris, La Découverte, 1999.
Gresh, Alain, *Israël, Palestine*, Paris, Fayard, 2001.
Gresh, Alain, et Vidal, Pierre, *Les 100 portes du Proche-Orient*, Paris, Autrement, 1986.
Halter, Marek, et Laurent, Éric, *Les Fous de la paix*, Paris, Plon/Robert Laffont, 1994.
Hass, Amira, *Correspondante à Ramallah*, Paris, La Fabrique, 2004.
—, *Boire la mer à Gaza*, préface d'Arlette Farge, Paris, La Fabrique, 2001.
Herzl, Theodor, *Journal, 1895-1904*, préface de Catherine Nicault, édition établie par Roger Errera, Paris, Calmann-Lévy, 1990.
—, *The Complete Diaries*, Londres, New York, Yomas Yoseloff, 1960.
—, *L'État des Juifs*, Paris, La Découverte, 1990.
Hilberg, Raul, *La Destruction des Juifs d'Europe*, Paris, Fayard 1988.
—, *Exécuteurs, victimes, témoins*, Paris, Gallimard, 1994.
—, *La politique de la mémoire*, Paris, Gallimard, 1994.
—, *Holocauste, les sources de l'histoire*, Paris, Gallimard, 2001.

Hilberg, Raul (dir.), *L'Insurrection du ghetto de Varsovie*, Bruxelles, Complexe, 1995.
L'Histoire de l'autre, Peace Research Institute in the Middle East, Paris, Liana Levi, 2004.
Hoess, Rudolf, *Le Commandant d'Auschwitz parle*, Paris, Julliard, 1959.
Horwitz, Gordon J., *Mauthausen, ville d'Autriche, 1938-1945*, Paris, Seuil, 1992.
Jaurès, Jean, *Œuvres*, *L'affaire Dreyfus*, t. 6 et 7, Paris, Fayard, 2001.
Johnson, Eric A., *La Terreur nazie*, Paris, Albin Michel, 2001.
Kandel, L. (dir.), *Féminisme et nazisme*, préface d'Élisabeth de Fontenay, Paris, Odile Jacob, 2004.
Karpf, Anne, *The War After*, William Heinemann, 1996.
Kaspi, André, *Les Juifs pendant l'Occupation*, Paris, Seuil, 1992.
Keller, Alexis, *Les Accords de Genève, un pari réaliste*, Paris, Seuil, 2004.
Kershaw, Ian, *Hitler. Essai sur le charisme en politique*, Paris, Gallimard, 1995.
—, *Qu'est-ce que le nazisme ?*, Paris, Gallimard, 1997.
—, *Hitler, 1889-1936*, vol. I, Paris, Flammarion, 1999.
—, *Hitler, 1936-1945*, vol. II, Paris, Flammarion, 2000.
Khalhidi, Rashid, *L'Identité palestinienne*, Paris, La Fabrique, 2003.
Klarsfeld, Serge, *L'Étoile des Juifs*, Paris, Archipel, 2002.
—, *La Shoah en France. Vichy-Auschwitz. La « solution finale » de la question juive en France*, t. 1, Paris, Fayard, 2001.
—, *Le calendrier de la persécution des Juifs de France (juillet 1940-août 1942)*, t. 2, Paris, Fayard, 2002.
—, *Le calendrier de la persécution des Juifs de France (setembre 1942-août 1944)*, t. 3, Paris, Fayard, 2001.
—, *Le Mémorial des enfants juifs déportés de France*, t. 4, Paris, Fayard, 2001.
Klein, Théo, *Le Manifeste d'un Juif libre*, Paris, Liana Levi, 2002.
Klemperer, Victor, *La Langue du Troisième Reich*, Paris, Albin Michel, 1996.
—, *Mes soldats de papier, Journal 1933-1941*, Paris, Seuil, 2000.

—, *Je veux témoigner jusqu'au bout. Journal de 1942-1945*, Seuil, 2000.
Klinger, Ruth, *Refus de témoigner*, Paris, Viviane Hamy, 1992.
Korzec, Pawel, *Juifs en Pologne*, Paris, Presse de la Fondation nationale des sciences politiques, 1980.
Kogon, Eugen, *Les Chambres à gaz, secret d'État*, Paris, Seuil, 1957.
Lacoue-Labarthe, Philippe, et Nancy, Jean-Luc, *Le Mythe nazi*, La Tour-d'Aigues, Éd. de l'Aube, 2003.
Lacouture, Jean, Tueni, Ghassan, et Koury, Gérard, *Un siècle pour rien*, Paris, Albin Michel, 2002.
Lanzmann, Claude, *Shoah*, Paris, Fayard, 1985.
Lanzmann, Claude, *Un vivant qui passe. Auschwitz 1943-Theresienstadt*, Paris, Mille et une nuits, 1997.
Laqueur, William, *Histoire du sionisme*, Paris, Calmann-Lévy, 1972.
—, *Le Terrifiant Secret*, Paris, Gallimard, 1981.
Laurens, Henri, *Le Retour des exilés*, Paris, Robert Laffont, 1998.
—, *La Question de Palestine*, t. 1 : *L'invention de la Terre sainte, 1839-1922*, Paris, Fayard, 1999.
—, *La Question de Palestine*, t. 2 : *Une mission sacrée de civilisation, 1922-1947*, Paris, Fayard, 2002.
Lazare, Bernard, *Le Fumier de Job*, Belval, Circé, 1990.
Lessing, Theodor, *La Haine de soi, le refus d'être juif*, Paris, Berg International, 1990.
Levi, Primo, *Si c'est un homme*, Paris, Pocket, 1988.
—, *Les Naufragés et les rescapés*, Paris, Gallimard, 1989.
Levinas, Emmanuel, *Quelques réflexions sur la philosophie hitlérienne*, suivi d'un essai de Michel Abensour, Paris, Payot/Rivages, 1997.
Lévy , Benny, *Être juif*, Paris, Verdier, 2003.
Lévy, Claude, et Tillard, Paul, *La Grande Rafle du Vel' d'Hiv'*, Paris, Robert Laffont, 1967.
Lévy, Bernard-Henri, *Récidives*, Paris, Grasset, 2004.
—, *Le Testament de Dieu*, Paris, Grasset, 1979.
— (dir.), *Archives d'un procès : Klaus Barbie*, Paris, LGF, 1987.
Lewis, Bernard, *Sémites et antisémites*, Paris, Fayard, 1987.

Lewy, Guenter, *La Persécution des Tziganes par les nazis*, Paris, Les Belles-Lettres, 2003.
Littell, Robert, *Entretiens avec Shimon Peres*, Paris, Denoël, 1997.
Loewenstein, Rudolph, *Psychanalyse de l'antisémitisme*, Paris, PUF, 2001.
Macé-Scarron, Joseph, *La Tentation communautaire*, Paris, Plon, 2001.
Mardam-Bey, Farouk, et Sanbar, Elias, *Le Droit au retour*, Arles, Actes Sud, 2002.
Marrus, Michael, *L'Holocauste dans l'histoire*, Paris, Eschel, 1990.
Marrus, Michael, et Paxton, Robert O., *Vichy et les Juifs*, Paris, LGF, 1990.
Maurel, Micheline, *Un camp très ordinaire*, préface de François Mauriac, Paris, Minuit, 1957.
Mayer, Hans, *Allemands et Juifs : la révocation. Des lumières à nos jours*, Paris, PUF, 1999.
Mehlman, Jeffrey, *Legs de l'antisémitisme en France*, Paris, Denoël, 1983.
Memmi, Albert, *Portrait du colonisé, Portrait du colonisateur*, préface de Jean-Paul Sartre, Paris, Gallimard, 1985.
Michel, Alain, *Racines d'Israël : 1948*, Paris, Autrement, 2003.
Michlin, Gilbert, *Aucun intérêt du point de vue national*, Paris, Albin Michel, 2001.
Milner, Jean-Claude, *Les Penchants criminels de l'Europe démocratique*, Paris, Verdier, 2003.
Morris, Benny, *Victimes. Histoire revisitée du conflit arabo-sioniste*, Bruxelles, Complexe, 2003.
Morse, Arthur, *Tandis que six millions de Juifs mouraient*, Paris, Robert Laffont, 1968.
Moses, Stephan, *L'Ange de l'Histoire*, Paris, Seuil, 1992.
Mourad, Kemizé, *Le Parfum de notre terre*, Paris, Robert Laffont, 2003.
Mouttapa, Jean, *Un Arabe à Auschwitz*, Paris, Albin Michel, 2004.
Nancy, Jean-Luc (dir.), *L'Art et la mémoire des camps*, Paris, Seuil, 2001.
Neher Bernheim, Renée, *Histoire des Juifs de la Révolution à l'État d'Israël*, Paris, Seuil, 2002.

Nicault, Catherine, « L'abandon des Juifs avant la Shoah. La France et la conférence d'Évian », *in Cahiers de la Shoah*, vol. I, Paris, Liana Levi, 1994.
Noguères, Henri, *Munich ou la drôle de paix*, Paris, Robert Laffont, 1963.
Novick, Peter, *L'Holocauste dans la vie américaine*, Paris, Gallimard, 1999.
Oriol, Philippe, *Bernard Lazare*, Paris, Stock, 2003.
Oz, Amos, *Aidez-nous à divorcer*, Paris, Gallimard, 2004.
Pappé, Ian, *La Guerre de 1948 en Palestine*, Paris, La Fabrique, 2000.
Paxton, Robert O., *La France de Vichy*, préface de Stanley Hoffmann, Paris, Seuil, 1973.
—, *Le Fascisme en question*, Paris, Seuil, 2004.
Pavel, Ernst, *Theodor Herzl ou le labyrinthe de l'exil*, Paris, Seuil, 1992.
Péju, Paulette, *Ratonnades à Paris*, précédé de *Les Harkis à Paris*, préface de Pierre Vidal-Naquet, introduction de Marcel Péju, postface de François Maspero (Maspero, 1961), Paris, La Découverte, 2000.
Peschanski, Denis, *La France des camps*, Paris, Gallimard, 2002.
Petrenko, général, *Avant et après Auschwitz*, Paris, Flammarion, 2002.
Picaudou, Nadine, *Les Palestiniens. Un siècle d'histoire*, Bruxelles, Complexe, 1997.
Pinsker, Lev, *L'Auto-émancipation des Juifs*, Les écrits juifs, Le Caire, 1944.
Poirot-Delpech, Bertrand, *M. Barbie n'a rien à dire*, Paris, Gallimard, 1987.
Poliakov, Léon, *Bréviaire de la haine*, Paris, Calmann-Lévy, 1951.
—, *Auschwitz*, Paris, Julliard, 1964.
—, *Histoire de l'antisémitisme*, t. 1 : *L'âge de la foi*, Paris, Calmann-Lévy, 1951.
—, t. 2 : *L'âge de la science*, Paris, Calmann Lévy, 1955.
—, t. 3 : *1945-1993*, Paris, Seuil, 1994.
Poliakov, Léon, et Wulf, J., *Le Troisième Reich et les Juifs*, Paris, Gallimard, 1959.

« Que faire de Vichy ? », *Esprit*, mai 1992.
Rajfus, Maurice, *Drancy, un camp de concentration très ordinaire, 1941-1944*, Paris, Le Cherche Midi, 1996.
Reinhart, Tanya, *Détruire la Palestine*, Paris, La Fabrique, 2002.
Revault d'Allones, Myriam, *Ce que l'homme fait à l'homme*, Paris, Seuil, 1995.
Rhodes, Richard, *Extermination : la machine nazie, 1941-1943*, Paris, Autrement, 2004.
Rodinson, Maxime, *Peuple juif ou problème juif ?*, Paris, François Maspero, 1981.
—, *Israël et le refus arabe*, Paris, Seuil, 1968.
Rogan, Eugen, L., et Shlaim, Avi (dir.), *La Guerre de Palestine, 1948*, Paris, Autrement, 2002.
Rouart, Jean-Marie, *Adieu à la France qui s'en va*, Paris, Grasset, 2003.
Rousset, David, *L'Univers concentrationnaire*, Paris, Minuit, 1945.
Rousso, Henry, *L'Événement, la Mémoire, l'Histoire*, Paris, Gallimard, 2001.
—, *Le Syndrome de Vichy*, Paris, Seuil, 1987.
Rozenblum, Serge-Allain, *Theodor Herzl*, Paris, Félin, 2001.
—, *Les Temps brisés. Itinéraire d'un juif en URSS*, préface d'Elie Wiesel, Paris, PUF, 1982.
Russel of Liverpool, Lord, *The Scourse of Swastika*, Cassel and Co, 1954.
Sabbagh, Antoine (textes recueillis et présentés par), *Lettres de Drancy*, Paris, Tallandier, 2002.
Said, Edouard W., *Culture et impérialisme*, Paris, Fayard/Monde diplomatique, 2000.
Sallenave, Danièle, *Carnets de route en Palestine occupée*, Paris, Stock, 1998.
—, *Dieu.com*, Paris, Gallimard, 2004.
Sanbar, Elias, *Palestine 1948, l'expulsion*, Beyrouth, Éd. de le Revue d'études palestiniennes, 1984.
—, *Les Palestiniens dans le siècle*, Paris, Gallimard, 1984.
—, *Le Bien des absents*, Arles, Actes Sud, 2001.
—, *Les Palestiniens : la photographie d'une terre et de son peuple*, Paris, Hazan, 2004.

Sartre, Jean-Paul, *Réflexions sur la question juive*, Paris, Gallimard, 1954.
Schneidermann, Daniel, *L'Étrange Procès*, Paris, Fayard, 1998.
Scholem, Gershom, *Le Prix d'Israël*, Paris, L'Éclat, 2003.
Segev, Tom, *Les Premiers Israéliens*, Paris, Calmann-Lévy, 1998.
—, *Le Septième Million. Les Israéliens et le génocide*, Paris, Liana Levi, 1993.
Seidman, Hillel, *Du fond de l'abîme. Journal du ghetto de Varsovie*, Paris, Plon, 1998.
Sellier, André, *Histoire du camp de Dora*, préface d'Albert Arkwright, Paris, La Découverte, 2001,
Sereny, Gitta, *Au fond des ténèbres*, Denoël, 1975.
Shakespeare, William, *La Tempête*, Paris, Mercure de France, 1964.
—, *Hamlet*, Paris, Mercure de France, 1988.
Shattner, Marcius, *Histoire de la droite israélienne. De Jabotinski à Shamir*, Bruxelles, Complexe, 1991
Shirer, William, *Le Troisième Reich*, Paris, Stock, 1967.
Sibony, Daniel, *Les Trois Monothéismes*, Paris, Seuil, 1997.
—, *Psychanalyse d'un conflit*, Paris, Seuil, 2003.
Sichrovsky, Peter, *Naître coupable, naître victime*, préface de Gilles Perrault, Paris, Seuil, 1991.
Simonot, Philippe, *Juifs et Allemands*, Paris, PUF, 1999.
Le Sionisme expliqué à nos potes, Union des étudiants juifs de France, Paris, La Martinière, 2003.
Sofsky, Wolfang, *L'Ère de l'épouvante*, Paris, Gallimard, 2002.
—, *L'Organisation de la terreur*, Paris, Calmann-Lévy,1995.
Soljenitsyne, Alexandre, *Deux siècles ensemble*, 2 vol., Paris, Fayard, 2003.
Sorlin, Pierre, *L'Antisémitisme allemand*, Paris, Flammarion, 1969.
Stern, J.P., *Hitler. Le Führer et son peuple*, Paris, Flammarion, 1985.
Sternhell, Zeev, *Aux origines d'Israël*, Paris, Fayard, 1996.
La Suisse et les réfugiés à l'époque du national-socialisme, Commission indépendante d'experts, Paris, Fayard, 1999.

Syberberg, H.J., *Hitler, un film d'Allemagne*, Paris, Seghers-Laffont, 1978.
Taguieff, Pierre-André, *La Nouvelle Judéophobie*, Paris, Mille et une nuits, 2002.
—, *L'Antisémitisme de plume*, Paris, Berg International, 1999.
Ternon, Yves, *L'État criminel. Les génocides au XXe siècle*, Paris, Seuil, 1995.
Traverso, Enzo, *La Violence nazie*, Paris, La Fabrique, 2002.
—, *Pour une critique de la barbarie moderne*, Lausanne, Page Deux, 1997.
—, *L'Histoire déchirée*, Paris, Cerf, 1997.
Trigano, Shmuel, *L'Idéal démocratique à l'épreuve de la Shoah*, Paris, Odile Jacob, 1999.
—, *L'Ébranlement d'Israël*, Paris, Seuil, 2002.
Védrine, Hubert, *Face à l'hyperpuissance*, Paris, Fayard, 2003.
Vercel, Michel C., *Les Rescapés de Nuremberg*, Paris, Albin Michel, 1966.
Verger, François, *La République coloniale*, Paris, Albin Michel, 2003.
Vidal, Dominique, *Le Péché originel d'Israël. L'expulsion des Palestiniens revisitée par les historiens israéliens*, Paris, L'Atelier, 2002.
—, *Les historiens allemands relisent la Shoah*, Bruxelles, Complexe, 2002.
Vidal-Naquet, Pierre, *Les Assassins de la mémoire*, Paris, Seuil, 1995.
—, *Les Juifs, la mémoire et le présent*, vol. 3, Paris, La Découverte, 1991.
Warschawski, Michel, *À tombeau ouvert. La crise de la société israélienne*, Paris, La Fabrique, 2003.
Weill, Nicolas, *Une histoire personnelle de l'antisémitisme*, Paris, Robert Laffont, 2003.
Wiesel, Elie, *La Nuit*, Paris, Minuit, 1958.
Wieviorka, Annette, *L'Ère du témoin*, Paris, Plon, 1988.
—, *Déportation et génocide. Entre la mémoire et l'oubli*, Paris, Plon, 1992.
Wieviorka, Michel, *L'Espace du racisme*, Paris, Seuil, 1991.

Winock, Michel, *Nationalisme, antisémitisme et fascisme en France*, Paris, Seuil, 2004.
—, *Édouard Drumont et Cie*, Paris, Seuil, 1982.
Wyman, David, *L'Abandon des Juifs. Les Américains et la solution finale*, préface d'Elie Wiesel, postface d'André Kaspi, Paris, Flammarion, 1987.
Zertal, Idith, *Des rescapés pour un État*, Paris, Calmann-Lévy, 2000.
Ziegler, Hean, *La Suisse, l'or et les morts*, Paris, Seuil, 1997.
Zweig, Stefan, *Le Monde d'hier*, Paris, Belfond, 1982.

Index

n : cette occurrence se trouve dans les pages de notes en fin d'ouvrage

Si, après la lecture de ce livre, vous souhaitez vous exprimer sur son contenu, n'hésitez pas à déposer votre message sur le forum du site www.lecrimeoccidental.com. Il sera accessible pendant trois mois après la parution du livre.

Impression réalisée sur CAMERON par
BRODARD ET TAUPIN
La Flèche

pour le compte des Éditions Fayard
en août 2004

Imprimé en France
Dépôt légal : août 2004
N° d'édition : 48164 – N° d'impression : 25568
ISBN : 2-213-61256-0
35-57-1456-9/01